KB000380

민사집행법 입문

민사집행법 입문

황 용 경

세창출판사

머리말

오랜 기간 동안 민사집행 실무를 경험하고 법학전문대학원에서 민사집행법을 강의한 지 10년이 지났다. 주지하다시피 민사 분쟁을 둘러싼 법리를 제대로 이해하기 위해서는 민법 등 실체법뿐만 아니라 민사소송법 등 소송 진행에 관한 절차법과 그 집행에 관한 민사집행법을 체계적으로 이해하여야 한다. 아무리 명문의 판결이라도 집행에 의하여 뒷받침되지 않는 이상 한낱 휴지 조각에 불과하다는 말은 민사집행법의 중요성을 웅변으로 말하고 있다. 그런데 민사집행법은 워낙 방대할 뿐 아니라 실체와 절차가 결합되어 그 법리가 어렵다고 평가된다. 그동안 민사집행법에 관하여 많은 서적들이 출간되었으나 대부분 분량이 방대하고, 쉽게 이해하기 어렵다는 평가가 많다. 법학전문대학원 학생뿐 아니라 실무에 종사하는 변호사의 상당수도 마찬가지로 어렵게 생각한다는 평가가 다수이다. 저자는 그동안 민사집행 실무와 강의 경험을 통하여 민사집행법 중 핵심이 되는 기본 이론에 대하여 간결하면서 쉽게 설명하는 책이 필요하다는 생각을 하게 되었고, 그 생각을 실현하기 위하여 이 책을 출판하게 되었다. 그러므로 이 책은 민사집행법의 전반을 다루는 것은 아니고 부동산 집행이나 채권 집행을 중심으로 중요한 기본 법리에 대하여 가능하면 예를 들어 쉽게 설명하려고 노력하였다. 그리고 민사집행법을 통하여 민법이나 민사소송법을 좀 더 깊게 이해할 수 있도록 설명하려고도 노력하였다. 이러한 기본 법리를 이해한 다음 방대한 실무서를 접하게 되면 좀 더 이해하기 쉬울 것이라고 기대한다. 아무쪼록 이 책이 법학전문대학원 학생뿐 아니라 변호사를 비롯하여 민사집행 실무에 종사하는 모든 분에게 조금이라도 도움이 되었으면 좋겠다고 생각한다.

2021. 2.
황 용 경

차 례

제1장_ 총 설

제2장_ 강제집행

제3장_ 보전처분

제1장 총 설

제1절

민사집행 절차의 개관(概觀)

1. 금전채권에 관한 민사집행 절차

사례 갑(채권자)은 을(채무자)에 대하여 1억 원의 대여금 채권이 있다. 그런데 을은 이를 변제하지 않고 있다. (A) 을의 재산으로 을 소유의 x부동산이 있다. 이 경우 갑은 어떤 절차를 거쳐 을의 재산인 위 부동산에 대한 집행을 보전하고, 집행하여 갑의 채권을 회수할 수 있는가? (B) 을의 재산으로 을의 병(제3채무자)에 대한 1억 원의 매매대금 채권이 있다. 이 경우는 어떻게 되는가?

가. 보통 채권자가 채무자에게 돈을 대여할 때 확실한 변제를 위하여 담보권을 설정하는 경우가 많다. 부동산의 경우는 저당권이나 가등기(假登記)담보권 등을 설정하고, 유체동산의 경우에는 질권이나 양도담보권을 설정하며, 채권의 경우에도 질권을 설정하거나 채권을 양도담보로 이전하기도 한다.

나. 그런데 위 사례에서 갑이 아무런 담보도 없이 을에게 위 돈을 대여한 경우, 갑이 을의 재산에 대하여 아무런 보전(保全) 조치 없이 소송을 제기하여 승소한다 하더라도 을이 소송을 전후하여 을의 재산(부동산, 유체동산, 채권 등)을 제3자에게 처분하여 을의 재산이 없게 되면 갑은 강

제집행을 할 수 없고, 그 결과 갑은 을로부터 위 돈을 변제받을 수 없다. 한편 부당이득이나 불법행위 경우 등 사전에 담보권을 설정할 수 없는 경우에는 채무자의 재산을 확보하는 것이 더욱 중요하게 된다.

다. 채권자가 바로 이러한 경우를 방지하고 채무자의 재산에 대한 강제집행을 통하여 채권을 변제받기 위하여 채무자의 재산을 보전하고 그 처분을 방지하는 제도가 가압류(假押留)이다. 쉽게 말해 가압류는 부동산의 경우 담보 목적의 가등기(假登記)와 유사하다. 물론 담보 목적의 가등기권에는 우선변제권이 있으나 가압류에는 우선변제권이 없는 점에서 차이가 난다. 그러나 가등기는 채무자의 협조가 있어야 하나 가압류는 채무자의 협조 없이 일방적으로 할 수 있는 점에서 큰 차이가 난다.

라. 이러한 가압류에는 처분금지효(處分禁止效)가 있어 그 후 채무자가 그 재산을 제3자에게 처분하여도 채권자에게 그 효력을 주장할 수 없으므로 채권자는 훗날 소송에서 승소하여 본압류(本押留)로 이전하여 그 재산을 매각하는 등 환가와 배당절차 등을 거쳐 채권의 만족을 얻게 된다.

마. 채권의 경우에도 채권자가 채무자의 제3채무자에 대한 채권에 대하여 가압류를 하고 그 후 소송에서 승소하여 본압류로 이전하고 환가방법으로 추심명령(推尋命令)이나 전부명령(轉付命令)을 받는 등의 방법으로 채권의 만족을 얻게 된다.

바. 그러므로 위 사례의 경우 채권자 갑은 그 채권의 만족을 위하여 채무자의 을의 부동산, 채권 등에 대한 가압류(假押留) → 민사소송(판결) → 압류(押留) 및 현금화(부동산의 경우 강제경매에 의한 매각, 채권의 경우 추심명령, 전부명령 등) → 배당(전부명령은 제외) 등을 거치게 된다.

사. 위 가압류 및 압류 절차, 그 효력 등에 관하여 정한 법률이 민사집

행법이고, 민사소송의 절차에 관한 법률이 민사소송법이다. 결국 채권자가 어렵게 확정 판결을 받아도 이러한 가압류 내지 압류 절차를 소홀히 하면 채무자의 재산에 대하여 강제집행을 하지 못하여 권리 구제를 받지 못할 수 있다. 그러므로 이러한 가압류, 강제경매 등을 다루는 민사집행법은 매우 중요하다고 말할 수 있다.

아. 한편 채권자가 근저당권 등 담보권을 설정하였는데 채무자가 그 채무를 변제하지 않을 때는 근저당권의 우선변제권 행사로 담보권실행을 위한 경매를 신청하여 위 강제경매와 같이 압류, 환가, 배당을 거쳐 다른 채권자들에 비하여 우선변제를 받는다. 강제경매와 달리 가압류 등 보전처분이 필요하지 않다.

2. 비(非)금전채권에 관한 민사집행 절차

가. 처분금지가처분(處分禁止假處分)과 소유권이전등기 청구

사례 갑은 2020. 2. 1. 을로부터 을 소유의 x부동산을 대금 1억 원에 매수하고 계약금 1,000만 원을 지급한 다음, 2020. 5. 31. 소유권이전등기 서류의 교부와 동시에 잔금 9천만 원을 지급하기로 약정하였다. 그런데 최근 위 부동산의 시가가 급등하여 을이 위 매매계약의 이행을 하지 않고 제3자에게 전매하거나 제3자로부터 돈을 빌린 다음 그 담보로 근저당권설정등기를 마칠 우려가 있다. 이 경우 갑이 위 부동산의 소유권이전등기청구권을 보전하기 위하여 어떤 조치를 취하여야 하는가?

1) 물론 위 사례에서 갑이 안전하게 소유권을 확보하기 위한 최선의 방법은 위 계약 당시 가등기에 관한 약정을 하여 갑 앞으로 위 소유권이전등기청구권을 보전하기 위한 가등기를 마치는 것이다. 그러나 그러한

약정이 없는 한 매수인인 갑은 매도인인 을에 대하여 위 잔금 9,000만원의 채무로 을의 위 소유권이전등기 의무와의 동시이행 항변권을 행사할 수 있으나 계약금(나아가 중도금)에 대하여는 동시이행 항변권을 행사할 수 없고, 을이 위 부동산을 타에 처분하는 것을 막을 수는 없다. 그러므로 갑은 을이 위 부동산을 처분하지 못하도록 보전하는 것이 중요하다.

2) 그러나 실무상 가등기를 하는 경우가 거의 없다. 이 경우 갑이 아무런 보전조치 없이 을을 상대로 위 부동산에 관한 소유권이전등기절차 이행을 구하는 소송을 제기하였으나 을이 위 부동산을 제3자에게 전매하여 소유권이전등기를 마치게 되면 을의 소유권이전등기의무는 이행불능이 되어 갑의 청구는 기각되거나 집행불능이 되어 갑은 부동산의 소유권을 취득하지 못한다.

3) 그리고 을이 제3자로부터 돈을 차용한 다음 이를 담보하기 위하여 근저당권설정등기를 마쳤다면 갑의 소유권이전등기청구는 인용된다 하더라도 갑은 위 근저당권의 부담을 떠안게 된다. 결국 갑은 계약 해제 내지 손해배상으로 구제받을 수 있으나 을의 자력이 충분하지 못하면 이 또한 충분히 구제받을 수 없다.

4) 그러므로 매수인인 갑은 매도인인 을이 가등기 등에 협조를 하지 않는 한 을의 위 부동산에 대한 매매나 근저당권설정 등 처분을 방지하기 위하여 처분금지가처분(處分禁止假處分)을 신청하여야 한다. 이러한 처분금지가처분에는 위에서 본 가압류와 같이 처분금지효(處分禁止效)가 있어 위 소유권이전등기를 명하는 판결이 확정되면 갑 앞으로 소유권이전등기를 마치고 그 중간의 제3자 명의의 등기가 있어도 이를 말소하게 된다. 마치 가등기의 순위보전과 비슷한 효력을 지닌다.

5) 결국 위 사례에서 갑은 처분금지가처분을 신청하여 발령받은 다음 이를 집행하고 그 후 을을 상대로 소유권이전등기절차 이행을 명하는 확정판결을 받아 소유권이전등기절차를 마치면 된다.

나. 점유이전금지가처분(占有移轉禁止假處分)과 인도(引渡) 청구

사례 갑은 그 소유의 x부동산을 을에게 임대하였는데 위 임대차가 기간만료 등으로 종료되었는데도 을이 갑에게 위 부동산을 인도하지 않아 갑은 을을 상대로 위 부동산의 인도를 구하려는 소송을 제기하려고 한다. 그런데 을이 제3자에게 위 부동산의 점유를 이전할 우려가 있다. 이 경우 갑이 위 부동산의 인도청구권을 보전하기 위하여 어떤 조치를 취하여야 하는가?

1) 위 사례의 경우 갑은 을을 상대로 임대차 종료를 원인으로 한 원상회복으로 인도청구를 할 수도 있으나 갑은 위 부동산에 기한 소유권에 기하여 인도청구를 할 수도 있다. 갑이 소유권에 기한 물권적 청구권으로 인도청구 소송을 제기한 경우 소송 도중에 을이 제3자에게 위 부동산의 점유를 이전한 경우 특별한 사정이 없는 한 갑은 위 제3자를 상대로 승계인수(민사소송법 제82조)를 신청하여 소송에 참가하게 할 수도 있으나 이는 매우 번잡하고 채무자의 계속되는 점유 이전을 막기에는 어려움이 따른다. 그리고 이러한 승계인수는 원상회복에 의한 채권적 청구에는 가능하지도 않다고 해석된다.

2) 이러한 경우 갑이 소유권에 기한 청구는 물론이고 채권적 청구권에 기하여도 을을 상대로 위 부동산에 대하여 점유이전금지가처분(占有移轉禁止假處分)을 신청하여 집행하게 되면 을이 그 이후 제3자인 병에게 위 부동산의 점유를 이전하여도 갑은 위 가처분 채무자인 을에 대한 인도청구 소송에서 승소하게 되면 현재 점유하고 있는 제3자인 병을 상대로 직접 인도 집행을 할 수 있다.

3. 책임재산(責任財産)

가. 위와 같이 금전 또는 비금전 채권의 강제집행의 대상이 되는 채무자의 재산을 책임재산이라 한다. 비금전채권에 관한 강제집행이 불능인

경우에 손해배상 청구를 할 수 있는데 그렇게 되면 채무자의 다른 재산이 책임재산이 될 수 있다. 이와 같이 금전채권인 경우에 보통 채무자의 부동산, 유체동산, 채권 등 모든 재산이 책임재산이 된다. 보통 금전채권의 강제집행 대상이 되는 재산을 책임재산이라고 한다.

나. 그러나 상속에서 한정승인(限定承認)의 경우에 상속재산만 강제집행의 대상이 되고 고유재산은 강제집행의 대상이 되지 않는다. 유언집행자, 파산관재인 등의 경우에도 그가 관리하는 재산만이 책임재산이 된다. 이를 보통 유한책임(有限責任)이라 한다.

다. 이러한 책임재산을 보전하기 위한 보전처분으로 위와 같은 가압류 내지 가처분을 하는데 사전에 이를 하지 않은 상태에서 책임재산이 변동된 경우에 채권자 대위권이나 채권자 취소권을 행사하여 채무자 앞으로 재산을 복귀시켜 놓은 다음에 다시 가압류 등 보전처분과 강제경매 등 강제집행을 할 수 있다. 특히 중요한 것은 채권자 대위권이나 채권자 취소권을 행사하는 경우에도 위와 같은 가압류 내지 가처분을 하지 않으면 그 후에 채무자나 수익자의 재산 처분으로 위 대위권 내지 취소권의 목적을 달성할 수 없는 위험이 있다는 점이다. 예를 들어 채권자가 매매로 소유권이전등기를 마친 수익자를 상대로 처분금지가처분을 하지 않고 사해행위 취소와 원상회복으로 위 매매의 취소와 위 등기의 말소를 청구하였는데 수익자가 선의의 전득자에게 위 부동산을 처분하면 원물반환을 받을 수 없다. 수익자에게 가액배상을 청구하여도 책임재산이 없으면 집행할 수 없다. 그러므로 위와 같은 보전처분은 매우 중요하다고 말할 수 있다.

4. 처분금지효(處分禁止效)

사례 을에 대한 금전 채권자인 갑이 을 소유의 x부동산에 대하여 가압류 명령을 받아 가압류등기를 마쳤는데 을이 위 부동산을 병에게 매도하여 소유권 이전등기를 마쳐 준 경우 갑은 어떻게 권리구제를 받을 수 있는가? 한편 을로부터 x부동산을 매수한 갑이 위 부동산에 대하여 처분금지가처분 명령을 받아 가처분등기를 마쳤는데 을이 위 부동산을 병에게 매도하여 소유권이전등기를 마쳐 준 경우 갑은 어떻게 권리구제를 받을 수 있는가?

가. 앞에서 본 처분금지효는 가압류 내지 압류 및 처분금지처분에서 매우 중요한 개념이므로 좀 더 자세하게 설명하고자 한다.

나. 부동산에 관하여 법률행위에 의한 소유권의 변동 등 물권변동은 유효한 채권행위와 물권행위 및 등기가 있어야 가능하다. 물론 위 채권행위와 물권행위는 이론상으로는 구별되지만 물권행위의 독자성은 부정되어 보통 채권행위에 포함되어 있고 별도로 이루어지지 않는다는 것이 다수설 및 대법원 판례 입장이라 할 수 있다.

다. 그런데 타인의 소유 재산권에 대한 매매도 채권행위로는 유효하다(민법 제569조). 그러나 물권행위는 처분행위이고, 처분행위는 처분자의 처분 권한이 있어야 유효하다. 그러므로 소유자로부터 처분 권한을 수여받지 못한 제3자가 위와 같은 물권행위와 소유권이전등기를 마쳐 주어도 매수인은 소유권을 취득하지 못한다. 다만 매수인은 무권한자에 대하여 민법상 담보책임이나 불법행위에 의한 손해배상을 청구할 수 있을 뿐이다.

라. 그런데 가압류나 가처분의 처분금지를 명하는 재판은 장차 피보

전권리를 인정하는 확정판결 등 집행권원의 존재를 조건으로 형성(形成)적 효력이 있고, 등기부에 기입되어 집행되면 그 효력은 제3자에게도 미친다. 그에 따라 위 사례에서 가압류나 가처분의 기입등기에 의하여 채무자인 을은 잠정적으로 그 부동산을 처분할 수 있는 권한을 박탈당한다. 그러므로 을의 병에 대한 위 매매는 갑을 제외한 나머지 사람들에 대하여는 소유권을 주장할 수 있지만 가압류 내지 가처분 신청권자인 갑에 대하여는 무권리자의 처분에 해당하여 병은 채권자인 갑에 대하여는 소유권취득을 주장할 수 없다. 그 결과 갑은 그 후 확정판결 등을 받아 강제경매를 신청하거나 소유권이전등기를 하면 병의 위 등기는 말소되고, 가처분의 경우에는 을로부터 갑 앞으로 소유권이전등기가 마쳐지고, 가압류의 경우에는 을로부터 강제경매의 매수인 앞으로 소유권이전등기가 마쳐진다.

마. 위 사례에서 만일 갑이 담보 목적의 가등기나 소유권이전 청구권 보전을 위한 가등기를 마친 경우에는 순위보전(順位保全)의 효력에 의하여 갑이 가등기에 기하여 적법하게 본등기를 마치면 병의 소유권이전등기에 비하여 순위가 빠르므로 병의 소유권이전등기는 갑의 소유권이전등기와 양립할 수 없게 된다. 즉 소유권의 배타성에 기한 일물일권주의(一物一權主義)에 의하여 동시에 2개의 소유권이 존재할 수 없으므로 순위가 늦은 병의 소유권이전등기는 말소되어 병은 소유권을 상실한다. 즉 병의 물권행위는 유효하나 등기의 순위가 늦어지게 되어 소유권을 상실한다.

바. 결국 과정과 이론은 다르나 가압류 내지 가처분의 처분금지 효력은 가등기의 순위보전 효력과 유사하여 그 순위를 유지할 수 있는 효력을 지닌다. 다만 가등기는 가등기를 명하는 가처분 등 특별한 경우를 제외하고 을의 동의 없이는 가능하지 않으나 가압류나 가처분은 을의 동의 없이 가능하다는 점은 앞에서 설명한 바와 같다.

사. 가등기와 비슷하게 가압류의 처분금지효에 위반되어도 채권자가 가압류 상태에서 가압류에 위반되는 등기를 말소할 수 없고, 본압류가 되면 가압류 집행시를 기준으로 이에 위반되는 등기를 무시하고 강제집행을 계속하며, 매수인이 소유권을 취득하고 가압류 집행 이후의 등기는 말소된다. 매매로 인한 처분금지가처분의 경우에는 압류가 따로 없고 소유권이전등기를 할 때 가처분 집행 이후의 등기는 말소된다.

아. 형사 절차에 비유하면 가압류, 가처분은 유죄판결 이전의 인신 구속이나 압수와 유사하고, 압류는 집행권원에 기한 처분금지를 명하는 것으로 유죄 확정 판결의 집행과 유사하다.

5. 임시의 지위를 정하기 위한 가처분

사례 x 주식회사의 주주는 갑(60%)과 을(40%)이고 대표이사는 갑이며 주주명부에도 그렇게 기재되어 있다. 그런데 을은 이사회의 주주총회 소집 결정이 없음에도 불구하고 주주총회 및 이사회 의사록을 각 위조하여 자신이 대표이사로 선임(갑의 이사 해임 포함)되었다는 등기를 마쳤다. 이 경우 갑은 어떤 절차를 거쳐 권리(확정판결 이전의 권리 포함)를 회복할 것인가?

가. 위 사례의 경우 위 주주총회결의는 부존재한다고 할 수 있고 갑은 주주총회결의부존재 확인 판결을 받아 권리구제를 받을 수 있으나 그 이전에 을의 대표권 행사를 막기 위하여 을을 상대로 대표이사 직무집행정지 가처분을 신청할 수 있다. 그 후 주주총회결의 부존재 확인 판결을 받아 을의 대표이사 선임등기를 말소하여 갑이 대표이사 지위를 회복한다.

나. 이러한 임시의 지위를 정하는 가처분은 앞서 본 가압류나 계쟁물에 관한 가처분이 장차 집행을 보전하기 위한 것과는 달리 현재 권리관계를 변경하는 등의 강력한 가처분이다. 이러한 임시의 지위를 정하는 가처분은 다양하고 난해한 법리가 적용되는 경우가 많으므로 이 책에서는 특별한 사정이 없는 한 간략하게 서술하기로 한다. 다른 강제집행이나 보전처분에 대한 어느 정도의 학습 이후에 따로 공부하는 것이 바람직하다고 생각한다.

6. 민사집행절차와 판결(判決)절차의 관계

가. 양자는 서로 독립된 절차이다. 판결절차는 권리의 확정을 위하여 신중한 심리를 거쳐 심리하여 실체에 관하여 재판하는 절차이고, 집행기관은 판결절차에서 명한 권리를 실현하는 절차이다.

나. 집행절차를 실현하는 집행기관은 판결절차 기관과 분리되어 있고, 집행절차에서는 권리의 신속하고 안정된 집행을 위하여 외관주의, 형식주의가 적용된다. 구체적인 내용은 해당 부분에서 자세히 설명하기로 한다.

7. 집행기관(執行機關)

가. 주로 부동산 및 채권에 관하여 집행하는 집행법원이 있는데 판사가 아닌 사법보좌관(司法補佐官)이 대법원 규칙이 정하는 바에 따라 집행법원의 업무를 할 수 있다. 집행법원의 사무 중 상당수는 사법보좌관이 처리한다. 이러한 사법보좌관의 처분 중 판사가 처분하였다면 즉시항고 등의 대상이 되는 경우에 대하여는 판사에게 이의를 신청할 수 있다.

나. 유체동산에 대한 집행이나 점유이전금지 가처분 등 일정한 경우에는 집행관이 처리한다. 집행관의 위법한 집행에 대하여는 국가배상법 제2조가 적용되어 국가가 손해를 배상할 의무가 있다. 뒤에서 보는 대체집행과 간접강제는 판결을 한 법원 즉 제1심 수소법원이 담당한다.

제2절

강제집행의 요건 및 집행권원(執行權原)

1. 강제집행의 요건

가. 강제경매 등 집행절차에서 대립하는 당사자를 채권자, 채무자라 한다. 민사소송의 원고와 피고에 대응하는 지위이다. 채권에 대한 집행에서 제3채무자가 있으나 이는 당사자가 아니다. 나중에 다시 설명한다. 채권자, 채무자는 집행권원에 집행문이 누구를 위하여 또는 누구에게 부여되어 있는지에 의하여 정하여진다. 즉 집행문에 의하여 집행당사자가 확정된다. 물론 예외적으로 집행문 없이 강제집행할 수 있는 경우도 있다. 그리고 집행문이 부여될 정당한 당사자를 정하는 당사자적격은 집행권원이 미치는 주관적 범위, 즉 기판력의 주관적 범위와 일치한다. 기판력이 없는 집행권원은 이에 준하여 처리하면 된다.

나. 결국 강제집행을 위하여서는 집행권원이 있고, 특별한 사정이 없는 한 당사자 적격이 있는 채권자와 채무자에 대하여 집행문이 부여되어야 한다. 이를 강제집행의 요건이라 한다. 아래에서 차례로 살펴보기로 한다.

2. 집행권원의 의의와 제도적 취지

가. 예를 들어 갑이 2020. 2. 1. 을에게 1억 원을 이자 월 1%, 변제기 2021. 1. 31.로 정하여 대여하고 그 차용증서를 작성하였다. 그런데 을은 변제기가 지나도 갑에게 위 돈을 변제하지 않고 있다. 이 경우 갑은 어떤 절차를 거쳐 을의 재산에 대하여 강제집행을 할 수 있는지 문제가 된다. 앞에서 본 바와 같이 채무자인 을이 채권자 갑에게 자발적으로 채무를 변제하지 않을 경우 갑은 강제집행을 통하여 채권의 만족을 받아야 하고, 그 방법은 을 소유의 부동산, 유체동산에 대한 강제경매나 을의 채권에 관한 압류 및 추심명령, 전부명령 등이다.

나. 그런데 이러한 강제집행은 국가의 공권력(公權力)을 이용하는 것으로 확정판결 등을 통하여 채권자의 권리가 상당한 정도로 존재할 가능성이 있어야 한다. 그러나 위 차용증서는 진정하게 작성되었는지, 을이 그 이후 채무를 변제하였는지, 채권의 소멸시효가 완성되었는지 등 갑에게 대여금 채권이 존재하는지 불투명하여 차용증서로 강제집행을 하는 것은 매우 부정확하고 위험할 수 있다. 그리고 채무자는 이러한 잘못된 집행으로부터 구제받기 위하여 불필요한 노력과 비용을 지출하여야 한다.

다. 이러한 잘못된 집행 위험으로 인한 혼란을 막고 강제집행의 정확성과 신속성을 기하기 위하여 채권자의 권리 존재 가능성이 상당한 정도로 인정되어야 하고 이를 공적으로 증명하는 문서가 필요하다. 이러한 공적 증명 문서를 집행권원(執行權原)이라 한다.

라. 채권자의 권리관계를 가장 정확하게 반영하는 집행권원은 기판력이 있는 확정판결이나 이러한 판결의 확정까지는 많은 시간과 비용이 소요되므로 좀 더 신속하게 강제집행할 문서가 필요하다. 어느 정도의

권리관계가 존재할 가능성 있는 문서를 집행권원으로 인정할지 여부는 입법정책의 문제이다. 이러한 의미에서 강학상으로 보통 집행권원을 사법상의 일정한 이행청구권의 존재와 범위를 표시함과 동시에 강제집행으로 그 청구권을 실현할 수 있는 집행력을 인정한 공정의 증서라고 정의한다. 구 민사소송법에는 채무명의(債務名義)라고 하였다.

마. 이러한 확정판결 등 집행권원이 존재하면 그 후 집행법원 등 집행기관은 실체적인 권리관계의 존재 여부를 조사하지 않고 집행권원의 존재와 범위에 따라 강제집행을 한다.

바. 적법한 집행권원이 있으면 그 집행권원상의 실체적인 권리가 없어도 청구이의의 소 등 공식적인 방법으로 집행권원의 집행력이 소멸하지 않은 이상 적법한 강제집행이 된다. 그리고 집행권원의 작성 이후 채무자의 변제 등으로 집행권원의 실체적인 권리 관계가 달라지게 되어도 마찬가지이다.

사. 요컨대 집행권원은 집행의 신속과 안정을 위해 다음에서 보는 바와 같이 기판력과 관계없이 실체적 권리의 존재 여부와 무관하게 그 형식적 요건을 갖추면 유효하게 성립한다. 결국 위 사례에서 갑은 을을 상대로 대여금 반환을 청구하는 소송을 제기하여 가집행 선고 있는 판결이나 확정판결을 받거나 다른 방법으로 집행권원을 얻어 을의 재산에 대하여 강제집행을 하여 그 권리를 실현하게 된다.

아. 위 사례에서 갑은 을에 대하여 원금 1억 원과 2020. 2. 1.부터 다 갚는 날까지 월 1%의 비율에 의한 이자 내지 지연손해금을 청구할 수 있는데 위 판결에서 원금만 청구하여 "을은 갑에게 1억 원을 지급하라"는 판결이 선고되어 확정되었다면 갑은 집행권원에 없는 이자 내지 지연손해금 채권으로 강제집행할 수 없다. 그러므로 갑은 이자 내지 지연손해

금에 관하여 다시 소송을 제기하는 등으로 확정판결 등 집행권원을 얻어 강제집행할 수 있다.

3. 집행권원의 종류

가. 4가지 분류

집행권원의 종류는 민사집행법 등 각종 법률에 의하여 정하여지는데 그 종류가 아주 많다. 그런데 그 특색에 비추어 기판력이 있는지 여부, 법원이 관여하는 여부에 따라 대표적으로 크게 4가지로 분류할 수 있다.

나. 확정판결(確定判決)

1) 민사집행법 제24조는 "강제집행은 확정된 종국판결이나 가집행의 선고가 있는 종국판결에 기초하여 한다"고 규정하고 있다. 각 심급에서 소송의 전부 내지 일부를 종결시키는 종국(終局) 판결 중 이행판결이 집행권원이 된다. 보통 "피고는 원고에게 000원을 지급하라"고 판결한다. 판결이 확정되면 기판력(旣判力)이 생기므로 가장 채권자의 실체적인 권리에 대한 정확성을 담보하는 집행권원이라 할 수 있다. 그러나 판결이 확정될 때까지 많은 시간과 비용이 소요되는 것이 단점이라 할 수 있다.

2) 위 확정판결에 기한 강제집행은 그 절차가 진행된 이후에 강제집행 정지나 취소가 없는 이상 강제집행 진행 도중이나 종료 이후 위 판결이 추후보완 항소나 재심에 의하여 취소되어도 유효하다. 이 점에 관하여 대법원[1]은 "확정된 종국판결에 터잡아 경매절차가 진행된 경우 그 뒤 그 확정판결이 재심소송에서 취소되었다고 하더라도 그 경매절차를 미리

---

1 대법원 1996. 12. 20. 선고 96다42628 판결.

정지시키거나 취소시키지 못한 채 경매절차가 계속 진행된 이상 경락대금을 완납한 경락인은 경매 목적물의 소유권을 적법히 취득한다"고 판시하였다(참고로 위 경락대금은 현행 민사집행법상 매수대금이고 경락인은 매수인이다). 이를 강제집행의 공신적(公信的) 효과라고 한다. 그러나 처음부터 재심 등에 의하여 취소된 판결 등 무효의 집행권원에 기한 집행에는 이러한 공신적 효과가 없다.

다. 가집행(假執行)선고 있는 종국 판결

1) 원고 승소의 제1심 판결에 대하여 패소한 피고의 불복이 있으면 항소심인 제2심이 진행되고, 제2심 판결에 대하여 불복이 있으면 상고심인 제3심이 진행되어 판결 확정될 때까지 장기간이 소요되므로 판결 확정 이전에도 제1심 내지 제2심 판결(주로 제1심 판결)의 가집행으로 강제집행할 수 있는 판결이다. 보통 "1. 피고는 원고에게 000원을 지급하라. 2. 소송비용은 피고의 부담으로 한다. 3. 제1항은 가집행할 수 있다"로 판결한다.

2) 이러한 가집행선고 있는 종국 판결도 위에서 본 바와 같이 집행권원이 된다. 그러나 이에 대하여 불복할 수 있으므로 확정판결과 달리 기판력이 없어 실체 관계를 정확하게 반영하는 집행권원으로 볼 수는 없다. 또한 민사소송법 제215조 제1항은 "가집행의 선고는 그 선고 또는 본안판결을 바꾸는 판결의 선고로 바뀌는 한도에서 그 효력을 잃는다"고 규정하고 있으므로 항소심 내지 상고심에서 본안 판결이 변경되면 변경되는 범위 내에서 위 가집행은 실효된다. 즉 위 1) 판결에 대하여 항소심에서 "제1심 판결을 취소한다. 원고의 청구를 기각한다"의 판결이 선고되면 위 항소심 판결에 대한 상고와 관계없이 위 항소심 판결의 선고와 동시에 가집행은 실효된다. 상고심에서 위 항소심 판결이 파기되면 위 가집행의 선고 효력은 부활한다.

3) 그러나 이러한 가집행선고 있는 종국 판결도 집행권원이므로 집행

이 종료된 이후 위 가집행의 선고가 실효되어도 강제집행의 결과에는 전혀 영향을 미칠 수 없다. 그러므로 위 가집행선고 있는 판결에 대하여는 뒤에서 보는 바와 같이 강제집행 정지 결정을 받아 집행기관에 제출하여 강제집행을 정지시킨 다음 항소심 등에서 제1심 판결이 취소되는 등으로 가집행이 실효되면 집행기관에 위 실효를 증명하는 항소심 등 판결을 제출하여 집행을 취소하여야 한다. 그렇지 않으면 강제집행은 유효하게 된다. 예를 들어 원고가 위 1)항 가집행 선고 있는 판결에 기하여 피고의 부동산에 대하여 강제경매를 신청하여 병이 위 부동산을 매수하여 대금을 납부하면 그 후 항소심 등에서 위 판결이 취소되어 위 가집행이 실효되어도 병은 유효하게 위 부동산의 소유권을 취득한다. 이 점에 관하여 대법원[2]은 "가집행선고 있는 판결에 기한 강제집행은 확정판결에 기한 경우와 같이 본집행이므로 상소심의 판결에 의하여 가집행선고의 효력이 소멸되거나 집행채권의 존재가 부정된다 하더라도 그에 앞서 이미 완료된 집행절차나 이에 기한 경락인의 소유권취득의 효력에는 아무런 영향을 미치지 아니한다 할 것이고, 다만 강제경매가 반사회적 법률행위의 수단으로 이용된 경우에는 그러한 강제경매의 결과를 용인할 수 없다"고 판시하였다. 위에서 '경락인'은 현재 '매수인'이다.

라. 확정된 지급명령(支給命令)

1) 민사소송법 제462조는 "금전, 그 밖에 대체물이나 유가증권의 일정한 수량의 지급을 목적으로 하는 청구에 대하여 법원은 채권자의 신청에 따라 지급명령을 할 수 있다. 다만, 대한민국에서 공시송달 외의 방법으로 송달할 수 있는 경우에 한한다"고 규정하고 있다.

2) 예를 들어 갑이 을에게 돈을 대여하였으나 을이 돈을 변제하지 않

---

2 대법원 1993. 4. 23. 선고 93다3165 판결.

을 때 채권자인 갑은 채무자 을을 상대로 대여금 반환을 구하는 소송을 제기하여 판결을 받을 수도 있으나 신속한 집행을 위하여 지급명령을 신청할 수 있다. 이러한 지급명령에 대하여 채무자가 이의를 제기하지 않아 확정되면 확정판결과 같이 소멸시효도 중단되고 집행권원이 되어 채권자는 위 확정된 지급명령으로 강제집행을 할 수 있다. 그러나 확정판결과 달리 지급명령에는 기판력이 없으므로 집행을 종료하여도 채무자는 채권자에 대하여 강제집행을 통하여 얻은 이익에 대하여 부당이득반환을 청구할 수 있고, 뒤에서 보는 바와 같이 청구이의 사유의 존재 시기에 제한이 없다.

마. 집행증서(執行證書)

1) 민사집행법 제56조 제4호는 강제집행은 “공증인이 일정한 금액의 지급이나 대체물 또는 유가증권의 일정한 수량의 급여를 목적으로 하는 청구에 관하여 작성한 공정증서로서 채무자가 강제집행을 승낙한 취지가 적혀 있는 것”에 기초하여서도 실시할 수 있다고 규정하고 있다. 여기에서 공증인에는 공증인가를 받은 법무법인(유한), 법무조합도 포함한다.

2) 일반적으로 보통 공증(公證)한다는 의미에는 여러 가지가 있는데 공증인이 차용증 등 개인이 직접 작성한 문서에 대하여 작성자를 명확히 하고 그 내용이 작성자의 의사에 따라 작성되었다는 것을 증명하는 것을 사서증서(私書證書)의 인증(認證)(공증인법 제57조)이라고 하고, 민법이 정하는 공정증서에 의한 유언 등 법률이 정하는 바에 따라 공증인이 직접 작성하는 문서를 공정증서(公正證書)라고 한다.

3) 위 공정증서 중 집행권원이 되는 공정증서를 집행증서라 한다. 즉 일정한 금액의 지급 등에 관하여 즉시 강제집행을 승낙한 취지가 적혀 있는 공정증서를 말한다. 신속하게 집행권원을 작성할 수 있으므로 실무상 널리 사용된다. 그러나 법원이 아닌 공증인이 집행증서를 작성하

고 집행증서에는 지급명령과 마찬가지로 기판력이 인정되지 않는다. 쌍방 당사자가 출석하지 않고 위임할 수도 있어 무권대리나 위조 여부 등이 문제가 되는 경우도 종종 있다. 건물이나 토지 또는 일정 부분의 유체동산 인도도 집행증서가 될 수 있다(공증인법 제56조의3).

4) 집행증서의 작성을 위하여 쌍방 당사자의 공동 촉탁(囑託)과 채무자의 채무 집행인낙 의사표시가 필요하고 집행증서에 기재된 청구권의 성립원인인 소비대차 계약이나 매매계약 등에 통정허위표시 등 무효사유나 기망 등으로 인한 취소 사유가 있어도 이는 집행증서 효력, 즉 집행력과 무관하여 이에 기한 강제집행은 유효하고 다만 채무자는 이를 청구이의의 사유로 주장할 수 있다.

5) 그러나 위에서 본 바와 같이 집행증서가 당사자 일방의 무권대리나 위조에 의하여 촉탁되는 등 집행인낙 의사표시가 무효인 경우는 집행권원으로서 무효이므로 이에 기한 강제경매 등 강제집행은 무효가 된다. 집행인낙 의사표시는 공증인에 대한 소송행위이므로 표현대리가 적용되지 않는다(대법원 1994. 2. 22. 선고 93다42047 판결). 그러므로 강제경매의 매수인은 소유권을 취득하지 못한다. 표현대리의 경우에는 이를 주장하여 소송을 제기하는 등으로 집행권원을 얻어 집행할 수 있다.

바. 기타 집행권원

그 외에 화해조서, 조정조서 등 수많은 집행권원이 있으나 위에서 본 바와 같이 기판력이 있는 집행권원과 기판력이 없는 집행권원으로 나눌 수 있고, 법원이 작성하는 집행권원과 법원 이외의 기관이 작성하는 집행권원으로 나눌 수 있다. 그에 따라 법률관계가 달라질 수 있으나 모두 집행이 종료되면 그 집행의 효과를 부인할 수 없는 점에서는 동일하다. 그러므로 나머지 집행권원에 대해서는 위 4가지의 집행권원에 준하여 이해하면 된다.

제3절

집행문(執行文)

1. 의의와 제도적 취지

가. 집행권원에 현재 집행력이 존재하며 집행력이 미치는 범위를 공증하기 위하여 집행권원의 정본의 끝에 덧붙여 적는 공증 문언(민사집행법 제29조, 제30조, 제59조)을 집행문이라 한다.

나. 예를 들어 갑이 을에게 1억 원을 대여하였음을 청구원인으로 하여 을을 상대로 소송을 제기하여 "피고 을은 원고 갑에게 1억 원을 지급하라"는 판결이 선고되어 확정된 경우 갑은 확정판결이라는 집행권원을 얻었음에도 위 집행권원만으로는 을의 책임재산에 대하여 강제집행할 수 없다. 즉 위 집행권원에 집행문을 부여받아야 강제집행할 수 있다.

다. 그 이유는 다음과 같다. 즉 위 사례에서 위 판결이 확정되었다 하더라도 그 후 재심(再審)에 의하여 확정판결이 취소되고, 원고의 청구가 기각될 수도 있고, 피고 을의 책임질 수 없는 사유로 항소 내지 상고를 제기하지 않았음을 이유로 추후보완(追後補完) 항소 내지 상고를 제기하여 받아들여지는 경우 확정판결이 취소되고 원고의 청구가 기각될 수 있다. 또한 피고 을이 판결 확정 이후에 원고 갑에게 판결에 따른 돈을 모두 변제하여 뒤에서 보는 바와 같이 청구이의의 소를 제기하여 위 판결의 집행력이 배제될 수도 있다.

라. 그러므로 확정판결 이후에도 재심 등으로 확정판결에 변동이 없다는 점과 확정판결의 집행력이 그대로 유지되고 있다는 점을 증명할 필요가 있는데 이는 집행법원 등 집행기관이 심사하기 어려울 뿐 아니라 신속한 강제집행에 방해가 된다. 그러므로 판결법원 등 집행권원을 작성한 기관이 집행권원의 존속 내지 집행력의 존재 여부와 그 범위를 증명하는 제도가 집행문이다. 보통 기재례는 다음과 같다.

이 정본은 피고 000에 대한 강제 집행을 실시하기 위하여 원고 000에게 내어 준다. 2020. 0. 0. 00법원 법원사무관 000 (인)

마. 결국 집행기관은 집행권원과 집행문이 있으면 채권자의 실체적인 권리의 존재나 범위에 대하여 더 이상 심사하지 않고 강제집행을 할 수 있고, 그 집행은 유효하게 된다. 그러므로 가집행선고 있는 종국판결에 집행문이 부여되었다는 것은 위 판결이 항소심에서 변경되지 않았다는 것을 증명한다는 의미이다. 집행증서의 경우도 그 집행력을 배제하는 집행문 부여에 대한 이의나 청구이의의 소가 없거나 인용되지 않았다는 것이 증명되어야 공증인이 집행증서에 집행문을 부여한다. 이와 같이 집행문이 부여된 집행권원의 정본(正本)을 집행력 있는 정본이라 한다. 강제집행은 이러한 집행력 있는 정본에 의하여 가능하다(민사집행법 제28조 제1항). 따라서 집행문은 강제집행절차의 안정과 신속에 이바지하는 매우 중요한 제도라 할 수 있다.

바. 경우에 따라 강제집행의 신속이나 기타 이유로 입법 정책으로 위 확정된 지급명령 경우처럼 집행문이 필요로 하지 않는 경우도 있다(민사집행법 제58조 등). 그러나 이러한 집행권원도 조건 성취나 승계의 경우에는 그에 관한 집행문이 필요하다. 물론 집행문이 없어 생기는 위법 내지 부당한 집행에 대해서는 집행이의 등 구제방법이 있다.

2. 승계집행문(承繼執行文)

가. 집행권원에 표시된 당사자 이외의 사람을 채권자 또는 채무자로 하는 강제집행에서 부여되는 집행문을 승계집행문이라 한다(민사집행법 제31조).

나. 위 사례에서 원고 갑이 소송 도중에 피고 을에 대한 대여금 반환 채권을 병에게 양도하고 을에게 통지하는 등 특정승계가 있으면 특정승계인인 병은 위 소송에 자발적으로 승계참가(承繼參加)하거나 비자발적으로 승계인수(承繼引受)를 할 수 있다. 만약 이러한 참가나 인수가 없으면 원고 갑은 위 채권을 양도한 결과 채권이 없으므로 원고 갑의 청구는 기각된다. 이는 병이 피고의 채무를 면책적으로 인수하고 원고가 그 채무인수를 승낙하여도 마찬가지의 법리가 적용된다.

다. 그리고 소송 도중에 원고나 피고가 사망하는 등 포괄적 승계가 있으면 특별한 사정이 없는 한 소송은 중단되어 상속인들이 소송을 수계한다.

라. 그러나 소송의 종료 이후에 소송 당사자에 위와 같은 특정승계 내지 포괄승계가 있으면 소송 도중의 승계와 달리 참가나 중단이 없다. 그러므로 강제집행에서는 승계에 따른 법률관계를 반영할 필요가 있는데

이러한 승계로 변동된 법률관계를 증명하는 것이 승계집행문이다. 이 역시 집행기관이 아닌 판결법원 등 집행권원 작성 기관이 이를 조사하여 승계집행문을 부여한다.

마. 승계집행문이 부여되는 범위는 기판력의 주관적인 범위(민사소송법 제218조)와 동일하다. 그러므로 집행기관은 승계집행문에 따라 집행채권자와 집행 채무자 및 집행의 범위를 정한다. 집행기관은 이러한 승계집행문에 따라 집행하므로 집행의 안정과 신속을 도모할 수 있다.

바. 예를 들어 "피고 을은 원고 갑에게 1억 원을 지급하라"는 판결이 선고되고 확정된 이후에 갑이 위 채권을 병에게 양도하고 을에게 양도사실을 통지하여 위 통지가 그 무렵 도달하였고, 한편 을은 그 후 사망하였고 상속인으로 처인 정, 아들인 무가 있고 모두 단순승인한 경우에 병은 정과 무를 상대로 그들의 책임재산에 대하여 강제경매 등 강제집행을 신청하기 위하여 병은 채권양도와 을의 사망을 이유로 병이 정과 무에 대하여 집행할 수 있다는 승계집행문을 부여받아 위와 같은 강제집행을 신청할 수 있다. 승계집행문에서 정과 무는 상속분에 따라 정은 1억 원의 3/5인 6,000만 원, 무는 2/5인 4,000만 원의 채무를 부담한다는 것을 표시한다. 병은 위 범위 내에서 집행할 수 있다.

3. 기타의 집행문과 집행문부여 여부에 대한 불복

가. 확정판결 중 단순한 이행판결이 아니라 조건으로 이행을 명하는 경우도 있다. 예를 들어 "피고는 원고가 대학에 합격하는 것을 조건으로 원고에게 1억 원을 지급하라"는 등이다. 이는 기한이 있는 경우도 마찬가지이다.

나. 이러한 조건이나 기한의 성취 등도 집행권원의 작성 기관이 심사하여 그 조건 성취 등이 증명되면 집행문을 부여한다. 그러므로 집행기관은 집행문을 보고 조건이 성취된 것을 전제로 집행을 한다. 부동산에 관한 강제집행절차에 있어서 집행문이 없는 집행권원에 의하여 이루어진 강제경매는 확정된 지급명령 등 집행문이 필요 없는 집행권원을 제외하고 원칙적으로 무효이다.

다. 법원 등이 이러한 집행문을 부여하지 않을 때는 집행문부여 거절처분에 대한 이의 신청이나 집행문부여의 소를 제기할 수 있고, 잘못 집행문이 부여되면 채무자는 집행문부여에 대한 이의나 이의의 소를 제기할 수 있다(민사집행법 제33조, 제34조, 제45조 등). 무권대리인에 의하여 작성된 집행증서 등 집행권원이 무효이거나 승계집행문에 있어 승계 사실에 다툼이 있어 제기하는 집행문부여에 대한 이의나 이의의 소가 대부분이다.

제4절

강제집행의 개시요건(開始要件), 정지(停止) 및 취소(取消)

1. 강제집행의 개시요건

가. 확정판결 등 집행권원이 있고 집행문이 부여되었으며 채권의 이행기가 도래하고 집행권원이 송달되었으면 강제경매 개시결정 등 집행을 개시할 수 있다. 집행권원의 송달을 요하는 것은 집행권원의 존재를 알려 채무자에게 집행에 대비하라는 것이다. 승계집행문의 경우에는 채무자에게 승계 사실을 알려 주기 위하여 승계집행문을 채무자에게 송달하여야 한다. 조건 이행 집행문의 경우에도 마찬가지이다.

나. 예를 들어 "피고 을은 원고 갑으로부터 x부동산을 인도받음과 동시에 원고 갑에게 1억 원을 지급하라"는 판결이 선고되어 확정된 경우처럼 채권자가 돈을 지급 받을 채권에 인도와 같은 동시이행 의무가 있을 때에는 집행문 부여 시에 채권자가 동시이행의 이행 내지 이행 제공을 하지 않아도 되나 강제집행을 개시하기 위해서는 동시이행에 대한 이행 내지 이행 제공이 필요하다. 만약 집행문 부여 요건으로 보면 갑이 동시이행과 달리 먼저 인도의 이행 내지 이행제공을 하여 선이행을 강요하는 것이 되어 부당하기 때문이다. 이행제공은 현실 제공은 물론이고 구

두 제공도 요건에 부합하면 가능하다.

다. 그 외 채무자에게 파산 내지 회생 절차가 진행되고 있는 경우 등 일정한 경우에는 특별한 사정이 없는 한 개별 집행인 민사집행 절차는 개시될 수 없다. 이를 집행의 소극적 요건이라 한다. 이러한 소극적인 요건에는 집행정지 서류의 제출 등도 포함한다. 위 사례에서 갑의 채권자 A가 갑의 을에 대한 채권을 압류한 경우와 같이 집행채권이 압류되어도 갑이 을의 재산을 압류할 수는 있으나 갑이 을의 병에 대한 채권에 관하여 추심명령 내지 전부명령 등을 발령받을 수는 없다(대법원 2000. 10. 2.자 2000마5221결정).

2. 강제집행의 정지 및 취소

가. 사 례

피고(을)은 원고(갑)에게 1억 원을 지급하라는 가집행선고 있는 제1심 판결이 선고되었다. 피고(을)은 이 판결에 불복하여 항소를 제기하였다(또는 항소를 제기하려고 한다). 한편 원고(갑)은 위 가집행선고 있는 판결을 집행권원으로 하여 피고(을) 소유의 x부동산에 대하여 강제경매를 신청하였다. 이 경우 피고(을)은 어떻게 하여야 위 강제경매를 정지 내지 취소시킬 것인가?

나. 위 사례에 대한 답은 다음과 같다. 즉 을은 위 가집행선고 있는 판결에 대하여 강제집행 정지를 신청하여 정지 결정을 받으면 이를 집행기관인 집행법원에 제출하여야 한다. 그 후 항소심에서 제1심 판결이 취소되는 등으로 가집행선고 있는 판결이 실효되면 항소심 판결을 법원에 제출하여야 한다. 그러면 법원은 강제경매를 취소하여 위 강제경매의 효력은 모두 소멸한다. 그 이유는 다음과 같다.

다. 즉 앞에서 본 바와 같이 채권자인 갑의 강제경매 신청은 적법하고 그 후 강제경매가 진행되어 제3자인 병이 위 부동산을 매수하고 매각대금을 납부하면 병은 위 부동산의 소유권을 취득하며, 그 후 제1심 판결이 취소되고 갑의 청구가 기각되어도 채무자인 을은 위 소유권을 회복할 수 없다.

라. 그러므로 이러한 사태를 방지하기 위하여 채무자인 을은 항소 제기 등으로 가집행 선고 있는 판결에 불복할 때에는 항소심 판결 선고시 내지 확정 판결시까지 강제집행의 정지를 신청할 수 있다(민사소송법 제501조). 앞에서 설명한 바와 같은 추후보완 항소나 재심의 경우에도 마찬가지로 집행 정지를 신청할 수 있다(민사소송법 제500조). 뒤에서 보는 청구이의와 제3자이의를 비롯하여 이러한 집행정지가 인정되는 경우가 많다.

마. 집행법원은 이러한 집행정지 사실을 알지 못하므로 채무자는 집행정지 재판의 정본을 집행법원 등 집행기관에 제출하여야 한다. 그 후 집행기관은 사실상 집행을 정지하여 더 이상 집행이 계속되지 않고, 그 후 채무자의 패소 등 정지 사유가 소멸하면 집행이 속행(續行)된다. 그러나 채무자의 승소 등 취소 사유가 발생하면 이 역시 집행기관이 알 수 없으므로 채무자는 취소 사유를 증명하는 서류를 집행기관에 제출하여야 하고 집행기관은 위 서류에 의하여 집행을 취소한다. 집행법원은 보통 집행취소의 결정을 한다. 집행이 취소되면 압류 등 집행처분의 외관을 제거하여 집행이 개시되지 않은 상태로 돌아가므로 채무자는 집행정지 내지 취소의 목적을 달성한 셈이 된다. 그러나 부동산 강제경매에서 매각대금 납부로 인한 매수인의 소유권 취득 등 이미 완결된 집행행위는 소급하여 취소할 수 없으므로 그 이전에 집행정지나 취소를 하여야 한다. 자세한 집행정지와 집행취소 사유에 관하여는 민사집행법 제49조를 참조하면 된다.

바. 보통 집행정지 결정에는 집행정지로 인하여 채권자가 입을 손해를 담보하기 위하여 채무자로 하여금 일정한 액수의 담보를 제공하게 한다. 그리고 위에서 본 집행의 소극적인 요건이 있는 경우에도 집행이 정지된다.

제5절

강제집행에서의 구제(救濟) 방법

1. 강제집행 절차와 실체적 권리관계

가. 집행채권의 부존재와 강제집행

1) 강제집행은 집행기관이 강제력을 행사하여 집행권원에 기재된 사법상의 이행청구권을 실현하는 절차이다. 즉 강제집행은 채무자가 채권자에게 적법하게 인정되는 의무를 이행하지 않는 경우에 채권자가 그 이행을 명하는 집행권원을 얻어 채무자의 책임재산에 대하여 집행을 하는 절차이다. 그러나 집행권원에 인정된 이행청구권이 처음부터 발생하지 않은 경우도 있다. 다만 확정판결 등 기판력이 인정되는 집행권원은 이행청구권이 실제로 존재하지 않아도 기판력의 법리에 의하여 이를 부정할 수 없을 뿐이다.

2) 한편 강제집행은 판결절차와 분리하여 그 신속과 안정을 위하여 집행권원이 적법한 요건을 갖추어 작성된 이상 채권자에게 실체적인 이행청구권이 존재하지 않아도 강제집행은 아무런 절차상 위반이 없이 유효하다. 다만 이행청구권의 부존재 내지 소멸은 뒤에서 보는 바와 같이 청구이의 사유가 되고, 집행이 종료되면 실체적인 권리관계에 따라 부당이득 반환이나 불법행위에 의한 손해배상 책임이 문제가 될 뿐이다. 예

를 들어 집행증서가 적법하게 작성되었는데 통정허위표시 등으로 채권자의 집행채권이 존재하지 않아도 집행증서에 의한 강제집행은 적법하고 부동산 강제경매에서 매각대금이 납부되어 매수인이 소유권을 취득할 때까지 청구이의의 소 등으로 집행절차가 정지 내지 취소되지 않으면 매수인의 소유권 취득을 부정할 수 없고 다만 배당절차가 종료되었다면 집행채무자는 집행채권자가 취득한 배당금에 대하여 부당이득반환을 청구할 수 있다.

나. 강제집행 절차의 효력

1) 강제집행 절차는 압류로 채무자의 처분권을 제한하고 강제경매에서 부동산의 매각을 통하여 매수인 앞으로 부동산의 소유권을 이전하거나 채권 압류 및 전부명령에서 채권을 이전하는 등 실체적인 권리관계를 직접 형성하여 채권자가 최종적으로 배당을 받거나 독점적으로 만족을 얻는 과정이다. 이러한 처분권 제한, 소유권 이전 등 실체적인 권리관계를 형성하기 위해서는 우선 강제집행이 유효하여야 한다. 강제집행이 유효하기 위해서는 적법한 집행권원에 기하여 집행절차가 정지 내지 취소됨이 없이 집행이 종료되어야 한다.

2) 그러나 집행문 부여에 대한 이의 등으로 집행문이 취소되고 강제집행이 불허되거나 즉시항고나 집행에 관한 이의 등 절차상의 불복절차에 따라 강제집행이 취소된 경우에는 더 이상 강제집행 절차가 속행되지 않아 강제집행은 그 목적을 달성하지 못하고 종료된다.

3) 한편 무권대리인의 촉탁에 의한 집행증서나 재심 등에 의하여 취소된 확정판결 등 집행권원이 무효이거나 압류금지 채권에 대한 집행인 경우에는 이에 대하여 집행문 부여에 대한 이의나 즉시항고 등의 불복으로 집행을 취소하지 않는 이상 집행기관의 강제집행절차가 절차법상 당연무효라고 할 수는 없다. 그러므로 강제집행은 절차법적으로는 유효하여 집행이 종료되고 그 이후에는 집행법상 불복방법은 없다. 그러나

그러한 강제집행은 처분권 제한이나 소유권 이전 등 실체법상 효력 측면에서는 무효이어서 부동산이나 유체동산의 강제경매에서 그 매수인은 소유권을 취득할 수 없다. 그러므로 채무자는 강제집행절차를 방치해도 소유권 등 실체적인 권리를 잃지 않으므로 소유권이전등기 말소 등 실체적 권리를 행사할 수 있다. 채권 집행인 경우에 집행권원이 무효이거나 피압류채권이 압류금지 채권인 경우에 채권자가 압류 및 전부명령을 받아도 채권자에게 피압류채권이 이전하지 않아 채권자는 제3채무자에게 피압류채권의 지급을 청구할 수도 없다.

4) 그러나 집행 채무자가 이를 방치하면 부동산에 대한 강제집행에서 집행권원이 유효하다는 신뢰를 부여하는 등 일정한 사유가 있는 경우에 신의칙 위반으로 매수인에 대하여 소유권이전등기의 말소등기를 청구할 수 없을 수도 있다(대법원 2000. 2. 11. 선고 99다31193 판결). 그리고 유체동산에 대한 경매에서는 매수인이 선의취득을 할 여지도 있고, 채권 집행에서는 제3채무자가 준점유자에 대한 변제로 채무자가 권리를 상실할 수도 있으므로 이를 방지하기 위하여 집행권원이 무효이거나 피압류채권이 압류금지 채권이라고 하여도 집행 채무자가 집행문 부여에 대한 이의신청 등을 하고 그에 따른 집행정지 결정을 받아 강제집행을 정지 및 취소시킬 필요가 있다.

다. 강제집행 절차의 유효와 실체법상의 무효

1) 그러나 집행권원이 유효할 뿐 아니라 강제집행 절차가 취소되지 않아 유효하게 강제집행이 종료하더라도 항상 소유권 이전 등 실체적 권리관계를 형성하는 것은 아니다. 즉 강제경매나 채권 압류 및 추심명령, 전부명령 등은 채무자의 소유권을 이전하거나 채무자의 피압류채권에 관하여 추심권을 부여하거나 피압류채권을 이전하는 것이므로 채무자에게 이전할 소유권이나 피압류채권이 없으면 강제집행절차의 유효에도 불구하고 실체적 권리관계 형성이라는 측면에서 강제집행은 무효이

다. 즉 강제집행도 승계취득인데 채무자에게 없는 실체적 권리를 이전하는 등 실체적 법률관계를 변동할 수 없기 때문이다. 앞서 본 무권리자의 처분과 유사하다.

2) 앞에서 본 당사자적격이 없는 사람에게 승계집행문이 부여된 경우도 이와 유사하다. 예를 들어 "을은 갑에게 1억 원을 지급하라"는 판결이 선고되어 확정되었는데 그 후 을이 사망하였고 아들인 병이 적법하게 상속을 포기한 경우 병에게 승계집행문이 부여되어도 이는 절차상 유효하더라도 실체법상으로는 무효이다. 이 점에 관하여 대법원[3]은 "채무명의에 표시된 채무자의 상속인이 상속을 포기하였음에도 불구하고, 집행채권자가 동인에 대하여 상속을 원인으로 한 승계집행문을 부여받아 동인의 채권에 대한 압류 및 전부명령을 신청하고, 이에 따라 집행법원이 채권압류 및 전부명령을 하여 그 명령이 확정되었다고 하더라도, 채권압류 및 전부명령이 집행채무자 적격이 없는 자를 집행채무자로 하여 이루어진 이상, 피전부채권의 전부채권자에게의 이전이라는 실체법상의 효력은 발생하지 않는다고 할 것이고, 이는 집행채무자가 상속포기 사실을 들어 집행문부여에 대한 이의신청 등으로 집행문의 효력을 다투어 그 효력이 부정되기 이전에 채권압류 및 전부명령이 이루어져 확정된 경우에도 그러하다고 할 것이다"고 판시하였다. 위 '채무명의'는 현재 '집행권원'으로 변경되었다.

3) 당사자적격이 없는 자에 대한 판결의 효력은 정당한 당사자에 대하여 미치지 않듯이 강제집행에서도 정당한 승계자를 보호하여야 하고 집행권원과 달리 승계집행문에는 승계인이 직접 관여하지 않은 경우도 많다. 따라서 실체법상 권리, 의무를 승계하지 않아 당사자 적격이 없는 당사자에 대하여 집행문이 부여되어도 그에 기한 강제집행은 절차법상으로는 유효하지만 실체법상으로 무효이어서 실체적 법률관계를 형성

3 대법원 2002. 11. 13. 선고 2002다41602 판결.

할 수 없다고 봄이 타당하다고 생각한다.

라. 유체동산 경매에 대한 선의취득과 경매에 있어서 담보책임

1) 뒤에서 보는 바와 같이 강제경매에서의 매수는 기본적으로 승계취득이므로 타인 소유의 유체동산에 대한 강제경매는 처분 권한이 없는 자의 처분에 해당하여 실체법상 무효가 되어 매수인은 소유권을 취득할 수 없으나 유체동산의 경매에서 집행관이 점유를 기준으로 압류하였으므로 절차상으로는 경매 진행 과정이 유효하다. 그리고 절차상 다소 위법이 있어도 집행에 관한 이의 등으로 취소되지 않은 이상 강제경매 절차는 유효하다. 그러므로 민법상의 타인의 권리 매매의 법리에 비추어 선의취득이 가능하다고 이해할 수 있다.

2) 그러나 매매가 무효나 취소되면 선의취득이 가능하지 않은 것과 같이 무효인 집행권원에 의한 강제경매에는 선의취득이 가능하지 않을 수 있다. 이에 관한 명확한 대법원 판례는 없다.

3) 타인 소유 부동산 경매에서 매수인이 매각대금을 납부하여도 소유권을 취득하지 못한 경우에 매수인은 담보책임(민법 제578조, 제570조)을 물을 수 있는지, 경매가 무효이므로 곧바로 부당이득반환을 청구할 수 있는지 문제가 된다. 이 점에 관하여 대법원[4]은 "경락인이 강제경매절차를 통하여 부동산을 경락받아 대금을 완납하고 그 앞으로 소유권이전등기까지 마쳤으나, 그 후 강제경매절차의 기초가 된 채무자 명의의 소유권이전등기가 원인무효의 등기이어서 경매 부동산에 대한 소유권을 취득하지 못하게 된 경우, 이와 같은 강제경매는 무효라고 할 것이므로 경락인은 경매 채권자에게 경매대금 중 그가 배당받은 금액에 대하여 일반 부당이득의 법리에 따라 반환을 청구할 수 있고, 민법 제578조 제1항, 제2항에 따른 경매의 채무자나 채권자의 담보책임은 인정될 여지가

---

4 대법원 2004. 6. 24. 선고 2003다59259 판결.

없다"고 판시하였다. 위 판례에서 '경락인'은 현행 민사집행법상 '매수인'이고, '경매대금'은 '매각대금'이다. 그러나 위 판례에 대하여는 담보책임을 인정하여야 한다는 반대설도 유력하다.

4) 사견으로는 강제경매는 외관을 중시하여 채무자가 소유자로 등재된 부동산 등기사항증명서가 제출되면 더 이상 실체적인 소유권을 조사하지 않고 경매개시결정을 하여 경매를 진행하는 점에 비추어, 채무자의 소유권이전등기가 무효라 하더라도 경매절차는 유효하지만 매수인은 처분권한 없는 자로부터 매수한 것에 해당하여 소유권을 취득하지 못하는 것이다. 그러므로 경매절차는 소유권 변동을 초래하는 실체적인 측면에서는 무효이지만 경매 진행 과정의 유, 무효를 따지는 절차적인 측면에서는 유효하다고 봄이 타당하다고 본다. 따라서 이는 타인의 권리 매매와 유사하므로 경매절차의 매수인은 담보책임에 의하여 권리를 구제받을 수 있다고 본다. 그렇게 해석하여야 타인의 유체동산에 대하여 선의취득을 인정하는 대법원 판례와 조화를 이룰 수 있다고 본다. 그런데 담보책임과 부당이득의 반환은 권리행사 기간을 제외하고는 큰 차이가 없다고 본다.

2. 청구이의(請求異議)의 소(訴)

가. 의의 및 제도적 취지

1) 예를 들어 갑이 을에게 갑 소유의 x부동산을 대금 1억 원에 매도하고 소유권이전등기 및 인도를 마쳐 주었으나 대금을 지급받지 못하여 을은 갑에게 1억 원을 지급하라는 소송을 제기한 경우에 을은 위 매매계약에 관하여 불공정한 법률행위 내지 통정 허위표시 등 무효 사유나 착오 등 취소 사유가 있으면 이를 항변으로 주장하여 법원이 이를 받아들이면 갑의 청구는 기각된다. 을이 위 채무를 변제한 경우에도 마찬가

지이다.

2) 한편 을은 갑 승소의 제1심 판결에 불복하여 항소심인 제2심에서 위 채무인 1억 원을 변제하면 항소심은 제1심 판결을 취소하고, 원고인 갑의 청구를 기각한다. 그러나 위 사실심 변론종결 내지 판결 확정 이후에 채무자인 을이 위 판결에서 지급을 명한 채무인 1억 원을 변제한 경우에는 위 판결을 변경시킬 방법은 없다. 그러므로 채권자인 갑이 집행권원인 확정판결을 이용하여 채무자인 을의 책임재산에 대하여 강제집행할 우려가 있으므로 이를 저지할 필요가 있다.

3) 위와 같이 사실심 변론종결 이후에 발생한 사유로 강제집행을 저지하는 제도가 청구이의의 소이다. 민사집행법 제44조는 이를 청구에 관한 이의의 소라고 하나 보통 청구이의의 소라고 한다. 그래서 보통 청구이의의 소를 채무자가 집행권원의 사법상의 청구권이 현재 상태와 일치하지 않고 감소한 것을 이유로 그 집행권원이 가지는 집행력의 전부 내지 일부의 배제를 구하는 소라고 정의한다. 이러한 청구이의의 소 과정에서 강제집행의 일시 정지를 명하는 재판(보통 잠정처분이라 한다. 민사집행법 제46조)을 받아 강제집행을 정지한 다음, 승소 확정 판결을 받아 강제집행을 취소시킨다. 물론 이러한 정지재판과 확정판결의 정본을 집행기관에 제출하여야 한다.

나. 재심 등과의 차이

1) 판결이 확정된 이후에 위에서 본 바와 같이 추후보완 상소나 재심으로 집행권원이 된 종전 확정판결이 취소된 경우에는 확정판결의 효력인 기판력 및 집행력 모두 소급하여 소멸한다. 그러므로 강제집행이 진행 중이면 채무자는 확정판결의 취소를 명한 재심이나 추후보완 상소심의 판결을 제출하여 강제집행을 취소시킬 수 있고, 강제집행이 종료되면 그 후 재심이나 추후보완 판결을 받아 제출하여도 앞에서 본 바와 같이 강제집행은 유효하지만 채권자가 얻은 배당금 등 이익은 부당이득으

로 채무자에게 반환하여야 한다.

2) 가집행 선고 있는 판결은 위에서 본 바와 같이 미확정 판결로 집행력은 있으나 기판력이 없어 종전 판결이 취소되는 등으로 가집행의 선고가 실효되면 채무자가 이를 집행기관에 제출하여 강제집행이 취소되나, 그러한 절차 없이 강제집행이 종료되면 강제집행은 유효하지만 채권자가 그로 인하여 얻은 이득은 부당이득으로 채무자에게 반환하여야 한다.

3) 그러나 확정판결의 경우 등 기판력이 있는 재판의 경우 채무자가 청구이의의 소에 의하여 승소하여도 그 집행력만 배제할 수 있을 뿐 기판력을 배제할 수는 없으므로 채무자는 채권자가 얻은 이익에 대하여 부당이득반환을 청구할 수 없다. 이 점이 재심의 소나 추후보완 상소의 판결과 다른 점이다.

4) 다시 말하면 기판력의 표준시는 사실심 변론종결시이고 그 이후의 변제는 표준시 이후의 법률관계 변동이므로 부당이득반환을 청구할 수 없다. 재심의 소나 추후보완 항소의 판결은 확정판결의 성립 과정에 흠이 있어 이를 취소하는 것이나 청구이의의 소에서 위 확정판결은 정당하고 채무자는 판결에 따른 의무를 이행한 것으로 기판력을 배제할 수 없고 집행력만을 배제하는 것은 당연하다. 그러므로 채권자에 대하여 부당이득반환을 청구할 수 없다.

다. 청구이의의 사유 및 제한

1) 기판력(旣判力)과의 관계

민사집행법 제44조 제2항은 확정 판결에 관한 청구 이의의 소에서 이의 사유는 변론이 종결된 뒤(변론이 없이 한 판결의 경우에는 판결이 선고한 뒤)에 생긴 것이어야 한다고 규정하고 있다. 위 제44조 제2항은 기판력 주관적 범위인 민사소송법 제218조의 변론 종결 후의 승계인에 관한 규정과 더불어 기판력의 시적 범위에 관한 중요한 근거 조문으로 알려져 있다. 한편 기판력이 인정되지 않는 집행권원인 확정된 지급명령에 관하여 민사집행법 제58조 제3항은 “청구에 관한 이의의 주장에 대하여는 제44조 제2항의 규정을 적용하지 아니한다”고 규정하고 있어 이의 사유 발생 시점과 관계없이 청구이의의 사유를 주장할 수 있다. 기판력이 없는 집행증서도 마찬가지이다(민사집행법 제59조).

2) 기판력이 있는 집행권원

가) 권리, 의무 관계 등 법률관계는 항상 변동될 수 있는데 확정판결의 경우 사실심 변론종결 당시(무변론판결의 경우 판결 선고 시)의 법률관계에 기판력이 생긴다. 즉 변론종결 당시 등의 권리, 의무 관계에 관하여 기판력이 생기므로 채무자는 그 이전까지 주장할 수 있었던 채무 소멸 사유, 즉 변제, 소멸시효 완성, 법률행위의 무효, 취소, 면제 등을 주장할 수 없다. 이를 기판력의 차단효(遮斷效)라 한다. 그러므로 이러한 변론종결 등 이전의 사유로 청구이의의 소를 제기할 수 없다. 착오 내지 기망 등을 이유로 한 취소권, 계약 해제권 등 위 변론종결 전에 발생한 형성권을 그 변론종결 등 이전에 행사하지 않다가 그 이후에 행사하여 청구이의 소를 제기할 수 있는지 문제가 되나, 일반적으로 이러한 형성권도 기판력의 차단효에 의하여 차단되므로 이를 이유로 청구이의의 소를 제기할 수 없다. 이 점에 관하여 대법원[5]은 “기판력은 후소와 동일한 내용의 전소의 변론종결 전에 있어서 주장할 수 있었던 모든 공격 방어방법에 미치므로 해제 사유가 전소의 변론종결 전에 존재하였다면 그 변론종결 후에 해제의 의사표시를 하였다고 하여도 이는 기판력에 저촉된다”고 판시하였다.

나) 그러므로 변론종결 등 이후에 발생하여 기판력에 저촉되지 않는 한 채무자는 취소, 해제 등으로 법률관계가 소급적으로 소멸하였거나,

5 대법원 1981. 7. 7. 선고 80다2751 판결.

변제 등으로 권리가 소멸하였거나, 채권 양도 등으로 채권이 이전되어 상대적으로 소멸되었거나, 변제기의 유예 등으로 변제기가 도래하지 않았다는 점을 이유로 청구이의의 소를 제기할 수 있다. 즉 기판력에 저촉되지 않는 범위 내에서 집행권원의 권리가 취소 등으로 소급하여 발생하지 않았거나, 일부 내지 전부가 소멸하거나, 귀속 주체의 변동, 청구권의 효력 제한 등이 청구이의 사유이다. 청구권 양도 등 귀속 주체가 변동된 경우에는 채무자가 양도인에 대하여는 청구이의의 소를 제기할 수 있으나 양수인 등 정당한 귀속 주체는 승계집행문을 부여받아 강제집행할 수 있다.

다) 그리고 가집행선고에 의한 집행을 피하기 위하여 변제한 경우에 이는 확정적인 변제가 아니므로 상소심은 위 변제를 고려하지 않고 판결하고 상소가 인용된 경우에는 채무자는 반환을 청구할 수 있으며, 상소가 기각된 경우에는 판결 확정 시에 변제의 효과가 생기므로 변제를 청구이의의 사유로 주장할 수 있다(대법원 1995. 6. 30. 선고 95다15827 판결). 그 외 강제집행을 하지 않기로 하는 부집행의 합의와 권리남용도 청구이의 사유가 될 수 있다는 것이 대법원 판례이다. 이하에서 특별히 문제 되는 상계와 한정승인 등에 관하여 중점적으로 살펴보기로 한다.

3) 상계(相計)와 지상물(地上物) 매수(買受) 청구권(請求權)

가) 상계권 행사의 경우에는 학설은 대립하나 대법원 판례는 채무자가 변론종결 등 전에 발생한 상계권을 행사하지 않다가 그 이후에 행사하여 청구이의의 소를 제기할 수 있다고 한다(대법원 2005. 11. 10. 선고 2005다41443 판결). 그 이유는 당사자 쌍방의 채무가 서로 상계적상에 있다 하더라도 그 자체만으로 상계로 인한 채무 소멸의 효력이 생기는 것은 아니고, 상계의 의사표시가 있어야 하며 그 의사표시가 변론종결 이후라면 위 기판력의 차단효가 미치지 않아 청구이의의 사유에 해당하기 때문이라고 한다. 물론 이와 달리 차단효가 미쳐도 상계권이라는 형성권이 소멸할 뿐이고 자동채권 자체가 소멸하는 것은 아니므로 상계를

할 수 없을 뿐 별소로 자동채권의 지급을 구하는 소를 제기할 수 있다.

나) 이러한 상계의 경우에는 그 자동채권의 발생이 수동채권 발생과 밀접한 관련이 없고 서로 따로 발생하기 때문에 기판력의 차단효가 배제되는 것으로 본다. 즉 취소 내지 해제 등의 형성권의 행사와 달리 상계권의 행사로 인한 항변은 원고의 청구와 직접 관련되지 않는 항변인 비(非)부착 항변이기 때문에 차단효가 배제된다고 이해된다. 그러나 변론종결 등 이전에 피고가 상계의 의사표시를 하였으나 이를 변론에서 주장하지 않은 경우에는 이는 변제 등 채권의 소멸 사유를 주장하지 않은 것과 같으므로 이는 기판력에 차단된다. 예를 들어 갑이 을에게 부동산의 매매대금이 있음을 이유로 을은 갑에게 그 대금 1억 원을 지급하라는 소를 제기하였고, 한편 을은 갑에 대하여 1억 원의 대여금 채권이 있고, 양 채권의 변제기는 모두 도래하여 상계적상에 있는데 을이 위 대여금 채권으로 상계를 하지 않아 갑이 전부 승소하는 판결(을은 갑에게 1억 원을 지급하라)이 선고되어 확정되어도 그 이후 을은 갑을 상대로 상계 의사표시를 하고 청구이의의 소를 제기하여도 이는 위 확정판결의 기판력에 저촉되지 않으므로 승소할 수 있다. 그 결과 을은 갑의 위 확정판결의 집행력을 배제하여 강제집행을 피하거나 취소시킬 수 있다. 그러나 을이 위 판결의 변론종결 이전에 상계 의사표시를 하였으나 법원에 이를 주장하지 않아 갑이 전부 승소하는 판결이 선고되어 확정된 경우에는 을이 다시 이를 주장하는 것은 위 기판력에 저촉되므로 이를 이유로 청구이의 소를 제기할 수 없다.

다) 한편 토지 임대차에서 임차인 소유의 지상물에 대한 철거 소송에서 임차인이 위 지상물 매수 청구 항변을 하지 않아 철거 판결이 확정된 이후에도 지상 건물이 철거되지 않은 이상 임차인은 지상물 매수 청구권을 행사하여 별소로 매매대금을 청구할 수 있다(대법원 1995. 12. 26. 선고 95다42195 판결). 이 역시 비부착항변이기 때문이다. 또한 임차인이 지상물 매수 청구권을 행사하면 지상물에 대한 매매의 효력이 발생하여 임대인의 지상물에 대한 인도 청구권이 발생하고 철거 청구권은 소멸하

므로(대법원 1995. 7. 11. 선고 94다34265 전원합의체판결) 임차인은 위 철거 판결에 대하여 청구이의의 소를 제기할 수 있다.

4) 한정승인(限定承認)

가) 상속이 개시될 때 상속인이 피상속인으로부터 상속받는 재산의 범위 내에서 피상속인의 채무와 유증을 변제할 것을 조건으로 상속을 승인하는 것이 한정승인이다(민법 제1028조). 즉 채무와 책임의 분리에 의하여 피상속인의 채무는 상속분에 의하여 승계하나 상속인의 책임은 상속재산에 한정되는 유한책임이다.

나) 상속 채무에 대한 소송에서 상속인이 한정승인을 하였는데도 한정승인 항변을 하지 않아 전부 패소의 확정 판결을 받은 경우에 그 이후에 한정승인을 주장하면서 청구이의의 소를 제기할 수 있는지 여부에 관하여 학설은 대립한다. 즉 한정승인에 따른 위 책임의 범위도 소송물에 포함되어 기판력이 미치는지 문제가 된다. 다수설과 달리 대법원 판례에 따르면 상속 관련 채무 이행 소송에서 피고가 한정승인 항변을 하지 않아 원고 전부 승소의 판결이 선고되어 확정되어도 기판력의 차단효가 적용되지 않는다고 한다. 즉 대법원[6]은 "채권자가 피상속인의 금전채무를 상속한 상속인을 상대로 그 상속채무의 이행을 구하여 제기한 소송에서 채무자가 한정승인 사실을 주장하지 않으면 책임의 범위는 현실적인 심판대상으로 등장하지 아니하여 주문에서는 물론 이유에서도 판단되지 않으므로 그에 관하여 기판력이 미치지 않는다. 그러므로 채무자가 한정승인을 하고도 채권자가 제기한 소송의 사실심 변론종결시까지 그 사실을 주장하지 아니하여 책임의 범위에 관한 유보가 없는 판결이 선고되어 확정되었다고 하더라도, 채무자는 그 후 위 한정승인 사실을 내세워 청구에 관한 이의의 소를 제기할 수 있다"고 판시하였다.

6 대법원 2006. 10. 13. 선고 2006다23138 판결.

청구이의의 소에서 승소 확정 판결을 받은 경우에 피상속인으로부터 상속받은 재산 이외의 고유 재산에 대한 강제집행을 배제할 수 있다. 그러나 상속인이 상속포기를 하고도 상속포기 항변을 하지 않아 원고 전부 승소의 판결이 선고되어 그대로 확정된 경우 피고는 상속포기를 이유로 청구이의의 소를 제기할 수 없다(대법원 2009. 5. 28. 선고 2008다79876 판결).

5) 기판력이 없는 집행권원

가) 기판력이 없는 집행권원에 관하여는 위에서 본 바와 같이 이러한 이의 사유 발생의 시적 범위에 관한 제한이 없으므로 그 집행권원 작성 전후를 불구하고 발생한 사유로 청구이의의 소를 제기할 수 있다. 이 점에 관하여 대법원[7]은 "확정된 지급명령의 경우 그 지급명령의 청구원인이 된 청구권에 관하여 지급명령 발령 전에 생긴 불성립이나 무효 등의 사유를 그 지급명령에 관한 이의의 소에서 주장할 수 있다"라고 판시하였다.

나) 그러므로 기판력이 없는 집행권원인 집행증서나 확정된 지급명령의 경우에는 앞에서 설명한 바와 같이 통정허위표시, 기망 등으로 무효, 취소 사유 내지 변제 등으로 인한 소멸 사유가 있음에도 불구하고 채무자가 이를 주장하지 않은 채 집행증서 등이 작성하여도 이에 기판력이 인정되지 않으므로 차단효가 없어 무효, 취소, 소멸의 발생 시기와 관계없이 집행력의 배제를 구하는 청구이의의 소를 제기할 수 있다. 무권대리인에 의하여 작성된 집행증서는 적법한 집행인낙의 의사표시가 없어 집행권원으로서 무효이어서 집행문에 대한 이의를 제기할 수도 있지만 실체적으로 채무자가 채권자에 대하여 채무를 부담하지 않는 것이므로 이를 이유로 청구이의의 소를 제기할 수 있다(대법원 1989. 12. 12. 선고 87다카3125 판결).

7 대법원 2013. 6. 24. 선고 2013다12852 판결.

라. 잠정처분과 판결 등

1) 가집행 선고 있는 판결에 대하여 항소를 제기하면서 강제집행을 정지하는 결정을 받는 것과 마찬가지로 채무자도 채권자의 채권이 소멸하였음에도 채권자가 강제집행을 하는 경우에는 청구이의의 소를 제기하면서 위 강제집행의 정지를 신청하여 정지 결정을 받을 수 있다. 이를 잠정처분(暫定處分)이라 한다(민사집행법 제46조).

2) 청구이의의 소는 집행권원이 성립한 이상 집행을 방지하기 위하여 집행문 부여 이전이라도 제기할 수 있고, 위와 같이 잠정처분 없이 강제집행이 종료된 경우에는 집행권원에 기판력이 있는지 여부와 관계없이 채무자는 청구이의의 소를 제기 내지 유지할 수 없고, 강제집행은 유효하여 강제경매의 매수인은 적법하게 목적물의 소유권을 취득한다. 그러나 강제집행의 채권자는 실체적인 권리 없이 강제집행을 한 것이므로 채무자는 채권자가 위 강제집행으로 인하여 얻은 배당금 등에 대하여 부당이득의 반환을 청구할 수 있다. 그러므로 통정허위표시 등으로 실체적인 법률관계가 없는 집행증서에 의하여 채권 압류 및 전부명령이 발령되어 확정되었다면 뒤에서 보는 바와 같이 전부명령 확정으로 집행이 종료되었으므로 채무자는 청구이의의 소를 제기할 수 없고 채권자가 취득한 피압류채권이나 제3채무자로부터 추심한 돈에 대한 부당이득반환을 청구할 수 있다(대법원 2005. 4. 15. 선고 2004다70024 판결).

3) 청구이의의 사유가 있으면 법원은 집행권원에 대한 집행력을 배제하는 판결을 한다. 그 기재례는 "피고의 원고에 대한 00법원 000선고 000 판결에 기초한 강제집행은 이를 불허한다" 형식이다. 일부인용의 경우에는 "피고의 원고에 대한 00법원 000선고 000 판결에 기초한 강제집행은 000원을 초과하는 부분에 한하여 이를 불허한다"의 형식이 된다.

4) 위 청구이의 승소 판결이 확정되면 채무자는 이를 집행기관에 제출하고, 집행기관은 집행을 취소하여 채무자는 집행에서 완전히 벗어나게 된다.

마. 사례 연구

1) 사 례

> 갑은 을에게 1억 원 상당의 철근 등 건설 자재를 매도하였으나 그 물품대금을 변제받지 못하여 을을 상대로 물품대금의 지급을 구하는 소송을 제기하여 을은 갑에게 1억 원 및 이에 대한 지연손해금을 지급하라는 판결이 선고되어 확정되었다. 갑은 을 소유의 주택에 강제경매를 신청하여 위 강제경매는 진행되고 있다.

2) 위 사례에서 위 판결 확정 이후 을이 위 판결에서 지급을 명한 물품대금 1억 원(지연손해금 포함)을 모두 변제하였다면 (1) 이 경우 을의 구제방법은 무엇인가? (2) 또한 을은 갑의 위 강제집행을 정지, 취소시키기 위하여 어떻게 하여야 하는가? ―답) (1) 을은 위 변제를 이유로 청구이의의 소를 제기하여 승소 확정 판결을 받으면 된다. (2) 을은 청구이의의 소를 제기한 이후 강제집행의 일시 정지 재판(잠정처분)을 받아 집행법원에 제출하여 강제경매를 정지시키고, 청구이의의 소의 승소 확정 판결을 집행법원에 제출하면 집행법원은 강제경매를 취소한다.

3) 위 사례에서 을이 갑에 대하여 1억 원의 대여금 채권이 있었고 위 물품대금 채권과 상계적상에 있었는데 을은 상계를 하지 않고 위 판결 확정 이후에 상계의 의사표시를 하여 갑에게 도달한 경우에 을은 강제집행에서 구제받을 수 있는가? ―답) 위 소송에서 사실심 변론종결 이전에 상계권을 행사할 수 있어도 그 이후에 상계의 의사표시를 하여 갑의 채권이 소멸하였음을 이유로 청구이의의 소를 제기할 수 있다.

4) 위 사례에서 을은 판결 확정 이후에 위 매매계약에 관한 중대한 착오, 갑의 기망 등을 이유로 매매계약을 취소하고, 이를 이유로 청구이의의 소를 제기할 수 있는가? ―답) 사실심 변론종결 전에 발생한 이와 같은 사유는 기판력의 시적 범위에 의하여 차단되므로 청구이의의 사유로 삼을 수 없다.

5) 위 사례에서 판결의 경우가 아니고 을이 매매계약에 대한 취소 원인(착오, 사기, 강박 등)이 있음에도 불구하고 을이 갑에게 1억 원을 지급한다는 집행증서를 작성하였다면 을은 어떻게 구제받을 수 있는가? 그리고 확정된 지급명령의 경우는 어떻게 되는가? ―답) 집행증서나 확정된 지급명령의 경우에는 기판력이 인정되지 않으므로 사유의 발생 시기와 관계없이 위 취소의 의사표시를 하고 그에 따라 매매계약이 소급적으로 소멸하여 갑에게 채권이 존재하지 않음을 이유로 청구이의의 소를 제기할 수 있다. 집행이 종료되면 청구이의의 소를 제기할 수 없고 부당이득반환을 청구할 수 있다.

3. 제3자이의(第三者異議)의 소(訴)

가. 의의 및 제도적 취지

1) 앞에서도 설명한 바와 같이 집행기관은 원칙적으로 집행권원과 집행문에 의하여 강제집행을 하고, 집행권원에 나타난 실체적인 권리 관계 여부는 조사하지 않는다. 또한 집행기관은 채무자의 재산, 즉 책임재산 여부에 대하여 부동산 등기, 유체동산의 점유 등 외관(外觀)에 의하여 판단하고 이에 따라 강제집행을 한다. 집행기관은 위 외관 이상으로 책임재산이 실체적으로 채무자에게 귀속되는지 여부에 대하여 심사할 권한이나 의무는 없다. 그리고 채권에 대한 집행시에는 피압류채권에 대한 존재 여부를 추정하게 하는 특별한 방법도 없으므로 따로 그 존재 여부를 심사하지도 않고 채권자의 주장에 따라 집행한다(민사집행법 제226조).

2) 부동산에 대하여 채무자 앞으로 소유권보존등기나 이전등기가 되어 있으면 등기의 추정력에 의하여 채무자에게 소유권이 존재하는 것으로 추정되고, 유체동산의 경우도 채무자가 그 유체동산을 점유하고 있으면 점유자는 적법하게 점유하는 것으로 추정되므로(민법 제200조) 외관

과 실체적 권리가 일치할 개연성이 높고, 절차의 명확, 안정과 신속을 중시하는 강제집행의 이념을 달성하기 위해서 이러한 집행방법은 현실상 불가피한 측면이 있다. 그래서 부동산에 대한 강제경매에 관하여 채권자는 강제경매 신청시에 채무자의 소유로 된 등기사항증명서를 제출하여야 하고(민사집행법 제81조), 유체동산에 대한 집행에 관하여 민사집행법 제189조 제1항은 "채무자가 점유하고 있는 유체동산의 압류는 집행관이 그 물건을 점유함으로써 한다"고 규정하고 있고, 민사집행법 제191조는 "채권자 또는 물건의 제출을 거부하지 아니하는 제3자가 점유하고 있는 유체동산은 제189조의 규정을 준용하여 압류할 수 있다"고 규정하고 있다.

3) 그러나 이러한 집행에는 집행재산이 채무자에게 귀속되지 않을 가능성이 있다. 그러나 집행기관이 외관에 의하여 집행하였는데 결국 채무자의 집행재산이 아닌 타인 소유의 재산에 대하여 집행한 결과가 되어도 위법하지 않으므로 이러한 사유는 뒤에서 보는 절차상 불복방법인 집행이의나 항고 사유가 되지 않는다. 집행기관은 손해배상 책임도 부담하지 않는다. 그러므로 이러한 경우에 진정한 소유자 등을 보호하는 구제방법이 제3자이의의 소이다. 민사집행법 제48조 제1항은 "제3자가 강제집행의 목적물에 대하여 소유권이 있다고 주장하거나 목적물의 양도나 인도를 막을 수 있는 권리가 있다고 주장하는 때에는 채권자를 상대로 그 강제집행에 대한 이의의 소를 제기할 수 있다"고 규정하고 있다.

나. 당사자적격과 이의의 원인

1) 당사자적격

제3자 이의의 소를 제기할 당사자는 집행문에 표시된 당사자, 즉 집행당사자 이외의 사람을 말한다. 집행 당사자는 청구이의나 집행문부여에 대한 이의의 소를 제기하여야 한다. 예를 들어 을이 적법한 권원 없이 갑 소유의 x토지 위에 y건물을 건축하여 갑이 위 토지의 소유권에 기하여 을을 상대로 철거 소송을 제기하였고, 피고 을은 원고 갑에게 x토지 지상 y건물을 철거하라는 판결이 선고되어 확정되었으며, 그 후 병이 위 건물에 관하여 소유권이전등기를 마쳐 갑이 병에 대하여 승계집행문을 부여받아 위 건물의 철거를 위한 집행에 착수한 경우 병은 위 집행의 집행당사자이므로 위 판결의 변론종결 전에 소유권을 취득하여 위 판결의 기판력을 받지 않는다고 하더라도 제3자 이의의 소를 제기할 당사자적격이 없고, 승계집행문부여에 대한 이의의 소를 제기하여야 한다(대법원 1992. 10. 27. 선고 92다10883 판결 참조).

2) 이의의 원인

가) 제3자 이의의 소에서 이의의 원인은 강제집행 목적물에 대하여 소유권이 있다고 주장하거나 목적물의 양도나 인도를 막을 수 있는 권리임은 위에서 본 바와 같다. 보통 부동산이나 유체동산의 경우 강제집행을 통하여 그 소유권을 취득하나 채권에 대한 강제집행의 경우 채권이 이전 내지 추심되고, 부동산에 대한 지상권, 전세권 등에 대한 강제집행의 경우에는 그 지상권 등이 이전된다. 그러므로 위 목적물의 양도에는 소유권이나 채권, 제한물권 등의 이전이 모두 포함되므로 위 양도를 막을 권리는 소유권이나 채권, 제한물권 등이 포함되고, 위 인도를 막을 권리는 소유권 등 본권의 양도를 막을 권리가 아니라 점유권 내지 일정한 제한물권을 뜻한다고 볼 수 있다. 소유권은 그 처분 권능에 의하여 대표적으로 위 양도를 막을 권리에 포함된다.

나) 이러한 소유권, 양도 및 인도를 막을 권리는 강제집행 채권자에게 대항할 수 있어야 제3자이의의 소를 제기할 원인이 된다. 그러므로 채권자의 압류 이후에 위 권리를 취득한 사람은 압류의 처분금지효에 의하여 채권자에게 대항할 수 없으므로 제3자 이의의 소를 제기할 수 없다. 이하에서 중요한 이의 원인에 대하여 살펴보기로 한다

3) 소유권

가) 위에서 본 바와 같이 강제집행 채무자에게 소유권이 없어도 진정한 소유권자는 채권자의 강제집행을 위한 압류나 가압류 이전에 소유권 이전등기 및 인도를 마치는 등 소유권을 취득하여야 제3자이의의 소를 제기할 수 있고, 그 이후에 소유권을 취득한 사람은 채권자에게 대항할 수 없으므로 제3자이의의 소를 제기할 수 없다(대법원 2007. 5. 10. 선고 2007다7409 판결).

나) 그러므로 채권자의 가압류 내지 압류 이전에 진정한 소유자로부터 부동산 내지 유체동산을 매수하였으나 소유권이전등기 내지 인도를 마치지 못하고 그 이후에 소유권이전등기 내지 인도를 마친 사람은 제3자이의 소를 제기할 수 없다.

다) 가압류 이후에 소유권이전등기 내지 인도를 마친 사람은 가압류의 청구금액을 변제하면 가압류의 집행력은 소멸하므로 제3자이의의 소를 제기할 수 있다. 본압류 이후에 위 등기 내지 인도를 마친 사람은 이해관계 있는 제3자로서 압류의 집행채권을 변제하고 채무자를 대위하여 청구이의의 소를 제기하여 집행을 취소시켜야 한다(대법원 1982. 9. 14. 선고 81다527 판결). 압류의 경우에는 앞에서도 설명한 바와 같이 집행채권을 변제하여도 곧바로 집행력이 소멸하는 것이 아니고 청구이의의 소를 제기하여 승소 확정판결을 받아야 집행력이 소멸하기 때문이다.

라) 이러한 소유권에는 소유권유보부 매매에서 대금을 모두 지급받지 못한 소유자도 포함된다. 소유권유보부 매매에서는 소유권 이전의 물권적 합의는 매매계약을 체결하고 목적물을 인도한 때 성립하지만 대금이 모두 지급되는 것을 정지조건으로 하므로 대금이 지급되지 않는 한 매도인은 소유자로 제3자이의의 소를 제기할 수 있다(대법원 1996. 6. 28. 선고 96다14807 판결). 예를 들어 갑이 을에게 소유권유보부로 유체동산인 기계를 매도하였는데 을이 매매대금을 완납하지 않은 상태에서 을의 채권자 병이 위 기계를 압류하였다면 갑은 소유자로서 제3자이의의 소를 제기할 수 있다.

4) 유체동산에 관한 양도담보권

가) 유체동산에 관하여 양도담보 설정 계약을 체결하고 점유개정의 방법으로 인도를 받으면 양도담보권을 취득하고 이러한 양도담보권자는 대외적 소유자로서 제3자이의의 소를 제기할 수 있다. 이 점에 관하여 대법원[8]은 "유체동산에 관하여 양도담보계약이 이루어지고 양도담보권자가 점유개정의 방법으로 인도를 받았다면 그 청산절차를 마치기 전이라 하더라도 담보목적물에 대한 사용수익권은 없지만 제3자에 대한 관계에 있어서는 그 물건의 소유자임을 주장하고 그 권리를 행사할 수 있다"고 판시하여 제3자이의의 소를 인용하였다. 즉 판례는 양도담보에 관하여 담보물권설이 아닌 신탁적 소유권이전설을 취하고 있다.

나) 그러나 이중으로 양도담보권을 설정한 경우에는 나중에 점유개정을 받은 사람은 양도담보권을 취득할 수 없다. 즉 1차 양도담보 설정으로 소유권이 이전되었으므로 그 후 채무자는 무권리자로서 양도담보권을 설정할 수 없기 때문이다. 그리고 점유개정으로는 선의취득도 할 수 없다. 이 점에 관하여 대법원[9]은 "채무를 담보하기 위하여 채무자가 그 소유의 유체동산을 채권자에게 양도하되 점유개정의 방법으로 인도하고 채무자가 이를 계속 점유하기로 한 경우에는, 특별한 사정이 없는 한 유체동산의 소유권은 신탁적으로 이전됨에 불과하여 채권자와 채무자 사이의 대내적 관계에서 채무자는 의연히 소유권을 보유하나 대외적인 관계에 있어서 채무자는 유체동산의 소유권을 이미 채권자에게 양도한 무권리자가 되는 것이어서 채무자가 다시 다른 채권자와 사이에 양도담보설정계약을 체결하고 점유개정의 방법으로 인도를 하더라도 현실의 인도가 아닌 점유개정으로는 선의취득이 인정되지 아니하므로 나중에 설정계약을 체결한 채권자는 양도담보권을 취득할 수 없다"고 판시하였다. 그러므로 이중 양도담보권을 설정받은 사람은 제3자 이의의 소를 제

---

8 대법원 1994. 8. 26. 선고 93다44739 판결.

9 대법원 2004. 12. 24. 선고 2004다45943 판결.

기할 수 없다. 물론 이중 양도담보권을 설정 받은 사람이 점유개정이 아닌 현실의 인도 등을 받으면 선의취득할 수 있다.

다) 이러한 양도담보권의 법리는 계속 변동되는 유동 집합물에 대한 양도담보에도 적용된다. 이 점에 관하여 대법원[10]은 "집합물에 대한 양도담보권설정계약이 이루어지면 그 집합물을 구성하는 개개의 물건이 변동되거나 변형되더라도 한 개의 물건으로서 동일성을 잃지 아니하므로 양도담보권의 효력은 항상 현재의 집합물 위에 미치는 것이고, 따라서 양도담보권자가 담보권설정계약 당시 존재하는 집합물을 점유개정의 방법으로 그 점유를 취득하면 그 후 양도담보설정자가 그 집합물을 이루는 개개의 물건을 반입하였다 하더라도 그때마다 별도의 양도담보권설정계약을 맺거나 점유개정의 표시를 하여야 하는 것은 아니다"고 판시하여 유동 집합물 양도담보권자의 제3자이의의 소를 인용하였다. 이러한 유동 집합물의 법리는 돼지나 뱀장어, 어류, 재고품 등에 대한 담보로 널리 이용된다.

5) 점유권

가) 부동산의 강제집행에서는 점유에 영향을 주지 않으므로 문제가 되지 않으나 유체동산에 대한 강제경매로 대금이 납부되면 매수인이 유체동산의 소유권을 취득하고 인도받게 되므로 정당한 점유자는 그 점유권을 주장하여 위 인도를 저지할 수 있다. 이러한 점유에는 직접 점유는 물론이고 간접 점유도 포함된다. 예를 들어 갑이 을로부터 그 소유의 기계 1대를 임차하여 점유하고 있었는데 을과 아무런 관련이 없는 병에 대한 채권자 무가 위 기계를 압류를 한 경우 갑은 직접 점유권에 기하여 제3자이의의 소를 제기할 수 있다. 을도 물론 소유권에 기하여 제3자이의의 소를 제기할 수 있다. 그리고 갑은 그 승낙 없이 압류가 이루어진 때

10 대법원 1990. 12. 26. 선고 88다카20224 판결.

에는 위법 집행을 이유로 집행에 관한 이의 신청도 할 수 있다.

나) 그리고 을이 A로부터 소유권유보부로 기계 1대를 매수하여 대금을 완납하지 않은 채 갑에게 위 기계를 임대하여 갑이 위 기계를 점유하고 있는데 갑의 채권자 B가 위 기계를 압류한 경우 을은 간접점유권에 기하여 제3자이의의 소를 제기할 수 있다. 이 점에 관하여 대법원[11]은 "매수인이 소유권유보부 매매의 목적물을 타인의 직접점유를 통하여 간접점유 하던 중 그 타인의 채권자가 그 채권의 실행으로 그 목적물을 압류한 사례에서, 매수인은 그 강제집행을 용인하여야 할 별도의 사유가 있지 아니한 한 소유권유보부 매수인 또는 정당한 권원 있는 간접점유자의 지위에서 민사집행법 제48조 제1항에 정한 '목적물의 인도를 막을 수 있는 권리'를 가진다"고 판시하였다. A도 소유권에 기하여 제3자이의의 소를 제기할 수 있다.

6) 저당권

저당권의 효력은 특별한 사정이 없는 한 부합물과 종물에도 미치므로(민법 제358조) 부합물과 종물에 대한 강제집행으로 그 점유가 타에 이전되면 저당권의 추급효(追及效)가 미치지 않아 그 부분에 대한 저당권이 소멸하게 된다. 그러므로 저당권자는 그 침해 배제 청구권으로 위 부합물 등의 인도를 저지하기 위하여 제3자이의의 소를 제기할 수 있다.

7) 기 타

가) 한정승인이 반영된 판결(예를 들어 을은 피상속인 갑으로부터 상속받은 재산의 범위 내에서 병에게 1억 원을 지급하라)으로 상속인 고유 재산에 대하여 강제집행이 있을 경우 한정승인자는 제3자 이의의 소를 제기할 수 있다.

---

11 대법원 2009. 4. 9. 선고 2009다1894 판결.

나) 금전채권에 대한 압류 및 추심명령 등 강제집행의 경우에도 진정한 채권자는 제3자 이의의 소를 제기할 필요가 있는 경우가 있다. 이 점에 관하여 대법원[12]은 "제3자이의의 소는 모든 재산권을 대상으로 하는 집행에 대하여 적용되는 것이므로, 금전채권에 대하여 압류 및 추심명령이 있은 경우에 있어서 그 집행채무자 아닌 제3자가 자신이 진정한 채권자로서 자신의 채권의 행사에 있어 위 압류 등으로 인하여 사실상 장애를 받았다면 그 채권이 자기에게 귀속한다고 주장하여 집행채권자에 대하여 제3자이의의 소를 제기할 수 있다고 할 것이다. 그리고 조합의 채권은 조합원 전원에게 합유적으로 귀속하는 것이어서, 특별한 사정이 없는 한 조합원 중 1인이 임의로 조합의 채무자에 대하여 출자지분의 비율에 따른 급부를 청구할 수 없는 것이므로, 조합원 중 1인의 채권자가 그 조합원 개인을 집행채무자로 하여 조합의 채권에 대하여 강제집행하는 경우, 다른 조합원으로서는 보존행위로서 제3자이의의 소를 제기하여 그 강제집행의 불허를 구할 수 있다고 할 것이다"고 판시하였다.

다. 잠정처분, 판결, 집행 취소, 선의취득 등

1) 유체동산에 대한 경매 등 집행이 종료되면 선의취득 등으로 소유자는 그 소유권을 상실할 수 있으므로 그 집행을 정지하기 위하여 청구이의의 소처럼 잠정처분을 발령받아 집행을 정지시킬 수 있다.

2) 청구이의의 소가 확정 판결 등 집행권원에 관한 일체의 집행을 금지하는 것과 달리 제3자이의의 소는 집행권원 자체에 기한 집행을 금지하는 것이 아니라 구체적인 개별집행을 금지하는 것으로 보통 판결 주문은 "피고의 소외 000에 대한 000판결의 집행력 있는 정본에 터잡아 00년 0월 0일 별지 목록 기재 물건에 대하여 한 강제집행은 이를 불허한다"가 된다.

---

12 대법원 1997. 8. 26. 선고 97다4401 판결.

3) 제3자이의의 소에 대한 승소 확정 판결을 받으면 강제집행의 취소를 시킬수 있다. 배당을 포함한 집행이 모두 종료된 이후에는 제3자이의의 소를 제기할 수 없으나 매수인이 선의취득을 하지 않으면 진정한 권리자는 소유권 등 권리를 상실하지 않는다.

4) 그러나 예를 들어 갑 소유의 유체동산을 을이 점유하여 을의 채권자 병이 위 유체동산에 대한 강제경매를 신청하고 집행관이 이를 압류하여 강제경매를 진행한 경우 진정한 소유자 갑이 제3자이의의 소를 제기하지 않아 정이 위 강제경매에서 위 유체동산을 매수하고 매각대금을 납부한 다음 평온, 공연하게 인도를 받았으며, 위 유체동산이 갑의 소유라는 점을 몰랐고, 과실도 없었다면 위 유체동산을 선의취득할 수 있다(민법 제249조).

5) 선의취득의 결과 진정한 소유자는 소유권을 상실하고, 그 대신 강제집행의 채권자가 배당 등을 통하여 취득한 이익에 대하여 부당이득으로 이를 반환할 것을 청구할 수 있다. 이 점에 관하여 대법원[13]은 "채무자 이외의 자의 소유에 속하는 유체동산을 경매한 경매절차에서 그 유체동산을 경락받아 경락대금을 납부하고 이를 인도받은 경락인이 유체동산의 소유권을 선의취득한 경우 그 유체동산의 매득금은 채무자의 것이 아니어서 채권자가 이를 배당을 받았다고 하더라도 채권은 소멸하지 않고 계속 존속하므로, 배당을 받은 채권자는 이로 인하여 법률상 원인 없는 이득을 얻고 소유자는 경매에 의하여 소유권을 상실하는 손해를 입게 되었다고 할 것이니 그 유체동산의 소유자는 배당을 받은 채권자에 대하여 부당이득으로서 배당받은 금원의 반환을 청구할 수 있다"고 판시하였다. 위 '경락'은 민사집행법에서는 '매각'이고 '경락대금'은 '매각대금'이며, '경락인'은 '매수인'이다.

13 대법원 1998. 6. 12. 선고 98다6800 판결.

4. 즉시항고(卽時抗告), 집행(執行)에 관한 이의신청(異議申請) 등

가. 위조된 판결이나 위조된 집행증서, 실효된 가집행선고 있는 판결, 재심 등에 의하여 취소된 확정판결, 청구이의의 소가 인용된 판결 등에 관하여 잘못 집행문이 부여된 경우 채무자는 집행문부여에 대한 이의 등으로 집행절차에서 구제받을 수 있다. 실무상 적법한 대리 권한 없이 작성된 집행증서가 주로 문제가 된다.

나. 앞에서 설명한 바와 같이 판결법원 등 집행권원을 작성하는 기관과 집행기관의 기능이 분리되어 집행기관은 실체적인 권리관계에 대한 심사 없이 집행권원과 집행문에 의하여 부동산 등기, 유체동산 점유 등 외관에 의하여 채무자의 책임재산에 대하여 강제집행을 하고, 결과적으로 집행권원상의 실체적인 권리관계가 없거나 채무자의 책임재산에 속하지 않아도 집행기관의 집행은 위법하지 않다. 이러한 집행을 위법하지는 않지만 실체관계에 부합하지 않아 보통 부당집행이라 한다. 그러한 경우에는 위에서 본 바와 같이 채무자는 청구이의의 소를 통하여, 진정한 권리자는 제3자이의의 소를 통하여 구제받을 수 있다.

다. 그런데 집행기관이 준수하여야 집행절차에 위배하였을 때 채무자나 제3자 등 이해관계인이 집행절차 내에서 불복하는 방법이 즉시항고(사법보좌관의 처분에 대하여는 이의신청, 이하 보전처분을 제외한 강제집행에는 편의상 위 이의신청도 '즉시항고'라 한다)나 집행에 관한 이의 신청이다. 이에 관하여 민사집행법 제15조 제1항은 "집행절차에 관한 집행법원의 재판에 대하여는 특별한 규정이 있어야만 즉시항고(卽時抗告)를 할 수 있다"고 규정하고 있다. 즉 즉시항고를 하기 위해서는 그러한 특별한 규정이 있어야 한다. 대표적으로 민사집행법 제83조 제5항은 "강제경매신청을 기각하거나 각하하는 재판에 대하여는 즉시항고를 할 수 있다"고 규정하고 있다.

라. 그러한 특별한 규정이 없는 집행법원의 재판이나 집행관의 집행처분 등에 관하여는 집행에 관한 이의 신청을 할 수 있다. 이 점에 관하여 민사집행법 제16조 제1항은 "집행법원의 집행절차에 관한 재판으로서 즉시항고를 할 수 없는 것과, 집행관의 집행처분, 그 밖에 집행관이 지킬 집행절차에 대하여서는 법원에 이의를 신청할 수 있다"고 규정하고 있다. 유체동산에 관한 집행관의 집행처분에 관하여 집행에 관한 이의를 신청하는 경우가 많다. 즉시항고 등에 대하여는 앞서 청구이의의 소 등에서 본 바와 같이 집행의 일시 정지(잠정처분)를 신청할 수 있다. 위와 같은 즉시항고나 집행에 관한 이의 신청은 결국 위법집행을 상대로 하는 것이므로 경우에 따라 집행기관이나 국가가 손해배상을 책임지는 경우도 있다.

마. 집행이 종료되어 이러한 절차상의 불복방법이 없을 때에는 실체적인 권리관계에 따라 채권자는 부당이득반환의 법리에 따라 구제받을 수 있음은 앞에서 본 바와 같다.

제2장 강제집행

제1절

부동산에 대한 금전채권의 집행

1. 전체적인 진행 과정과 강제경매의 성격

가. 전체적인 진행 과정

1) 부동산에 대한 금전채권의 집행은 채무자 소유의 부동산을 매각하여 소유권을 이전시키는 강제경매와 채무자 소유의 부동산에 대한 수익을 수취하여 변제에 충당하는 강제관리(민사집행법 제163조 이하)가 있으나 강제관리는 실무상 잘 활용되지 않으므로 앞으로 강제경매에 대하여만 설명하기로 한다.

2) 강제경매는 국가기관인 집행법원이 채무자 소유의 부동산을 강제로 매각하여 그 환가대금을 채권자에게 배당함으로써 채권자에게 채권만족을 주는 집행절차이다. 즉 집행권원을 가진 채권자가 확정된 지급명령 등 특별한 경우를 제외하고는 집행문을 부여받아 채무자 소유의 부동산에 대하여 강제경매를 신청하고, 집행법원은 위 신청이 정당하다고 판단하면 강제경매개시결정(强制競賣開始決定)을 하고 압류(押留)를 한다. 그 다음에 부동산을 매각하여 현금으로 바꾸는 것, 즉 현금화(現金化)를 한다. 그 후 위 현금을 채권자들에게 배당하는 배당절차(配當節次)를 거친다.

나. 강제경매의 성격

1) 강제경매에서 압류 및 현금화 절차를 거쳐 매수인이 소유권을 취득하는 법률상 성질에 관하여 공법상 처분설도 있으나 기본적으로 사법상 매매로 보는 것이 다수설이다. 공법상 처분설에 의하면 매수인이 목적물을 원시취득한다고 하나 사법상 매매설은 승계취득이고 유체동산에 관하여 선의취득이 인정된다. 대법원 판례는 강제경매는 사법상의 매매의 성질을 보유하고 있기는 하나 다른 한편으로는 법원이 소유자의 의사와 관계없이 그 소유물을 처분하는 공법상의 처분으로서의 성질을 아울러 가지고 있다고 한다(대법원 1994. 4. 22.자 93마719 결정). 즉 절충설의 입장이다.

2) 그러므로 강제경매 절차 면에서 보면 공법상 처분의 성격을 가지나 권리를 이전하는 실체 면에서 보면 사법상 매매의 성격을 가진다. 그러므로 채무자에게 경매 대상 목적물인 유체동산에 대한 소유권이 없고, 매수인이 선의취득을 하지 않은 이상 매수인은 유체동산의 소유권을 취득할 수 없고, 부동산인 경우에는 공신력도 없고, 선의취득이 인정되지 않으므로 소유권을 취득할 수 없다. 매각이 사법상 매매의 성격을 가져도 강제경매는 채무자의 자발적인 매매와는 여러 가지로 다르다. 우선 강제경매는 채무자의 의사와 관계없이 국가가 채무자의 재산을 매각하는 것이고, 매각의 내용도 민사집행법이 정하는 일정한 절차를 거치는 등 엄격한 절차를 거치도록 하고 있다. 그리고 담보책임에 대하여도 민법에서 경매에 대해서는 특별한 규정을 두고 있다.

2. 강제경매(强制競賣)의 신청(申請) 및 개시결정(開始決定)과 압류(押留)

가. 강제경매의 신청

1) 채권자가 집행권원이 있음에도 채무자가 변제하지 않으면 집행문과

부동산강제경매신청

채 권 자　　김갑동

서울 000

채 무 자　　이을남

서울 000

청구금액　　1억 원 및 이에 대하여 2020. 2. 1.부터 다 갚는 날까지 월 1%의 비율로 계산한 이자 및 지연손해금

집행권원의 표시　채권자의 채무자에 대한 00지방법원 2020. 5. 2. 선고 2020가단1000호 대여금 사건의 집행력 있는 판결 정본

신청취지

별지 기재 부동산에 대한 경매절차를 개시하고 채권자를 위하여 이를 압류한다.

라는 재판을 구합니다.

신청이유

채무자는 채권자에게 위 집행권원에 기한 돈을 변제하지 않으므로 채무자 소유의 위 부동산에 대하여 강제경매를 신청합니다.

첨부서류

1. 집행력 있는 판결 정본　　1통
2. 판결 정본 송달증명원　　1통
3. 부동산등기사항전부증명서　　1통

2020. 6. 2.

채권자 김갑동 (인)

00지방법원 귀중

집행개시의 요건을 갖추어 강제경매를 신청할 수 있다. 그 신청서는 보통 위와 같다.

2) 위 첨부서류에서 집행력 있는 판결 정본이란 집행문이 부여된 가집행선고 있는 판결 내지 확정판결을 뜻한다. 즉 첨부서류로 강제집행의 요건 및 집행개시의 요건을 갖추었음을 알 수 있다.

나. 강제경매개시결정

1) 위에서 본 바와 같이 채권자의 강제경매 신청이 정당하면 집행법원은 강제경매 개시결정을 하고 압류를 명한다. 민사집행법 제83조는 "경매절차를 개시하는 결정에는 동시에 그 부동산의 압류를 명하여야 한다"고 규정하고 있다. 보통 강제경매개시결정은 다음과 같다.

0 0 지 방 법 원

결 정

사 건	2020타경000 부동산강제경매
채 권 자	김갑동
	서울 000
채 무 자	이을남
	서울 000
소 유 자	채무자와 같다

주 문

별지 기재 부동산에 대한 경매절차를 개시하고 채권자를 위하여 이를 압류한다.

청 구 금 액

1억 원 및 이에 대하여 2020. 2. 1.부터 다 갚는 날까지 월 1%의 비율로 계산한 이자 및 지연손해금.

이 유

위 청구금액의 변제에 충당하기 위한 00지방법원 2020. 5. 2. 선고 2020가단 1000호 대여금 사건의 집행력 있는 판결 정본에 의한 채권자의 신청은 이유 있으므로 주문과 같이 결정한다.

2020. 7. 15.

사법보좌관 000 (인)

2) 강제경매 개시결정은 경매절차의 기초가 되는 재판이어서 그것이 당사자에게 고지되지 않으면 효력이 없어 압류의 유효와 관계없이 경매절차를 속행할 수 없어 매수인은 소유권을 취득할 수 없다(대법원 1994. 1. 28. 선고 93다9477 판결).

3) 압류의 효력은 강제경매 개시결정이 채무자에게 송달된 때 또는 위 결정의 기입등기가 된 때에 생긴다(민사집행법 제83조 제4항). 압류에는 앞에서 본 바와 같이 처분금지효가 있어 압류의 효력이 발생한 이후 채무자의 목적 부동산에 대한 양도, 담보권 설정 등 그 처분이 금지되고, 채무자가 이에 위반하여 처분하여도 그 처분으로 채권자에게 대항할 수 없다.

4) 위 처분금지효는 채권자 및 기타 집행절차에 참가하는 사람들에 대하여 무효가 되는 상대적 무효이어서 그 후 압류 신청의 취하 내지 압류 취소 등으로 압류의 효력이 소멸하면 위 매매로 인한 매수인은 완전한 소유권을 취득한다. 예를 들어 갑이 을에 대한 집행권원으로 을 소유의 x부동산에 대하여 강제경매를 신청하여 집행법원이 강제경매 개시결정을 하고 위 부동산을 압류하여 압류 기입등기를 마친 이후에 을이 위 부동산을 병에게 매도하여 소유권이전등기를 마쳐도 병의 위 매매는 갑에 대하여는 무효이므로 집행법원은 이를 무시하고 을의 소유로 취급하여

강제경매를 진행하여 위 부동산을 매각한다. 그러나 위 압류가 취소 등으로 소멸하면 병은 어느 누구에도 완전한 소유권자로서 권리를 행사할 수 있다. 자세한 내용은 뒤에서 가압류의 처분금지효에 관한 부분에서 설명하기로 한다.

5) 한편 민사집행법 제83조 제2항은 "압류는 부동산에 대한 채무자의 관리·이용에 영향을 미치지 아니한다"고 규정하고 있다. 즉 채무자의 부동산에 대하여 압류의 효력이 발생하여도 그 법률적인 처분이 금지될 뿐 특별한 사정이 없는 한 채무자의 사용, 수익에는 아무런 영향이 없다. 또한 민사집행법 제83조 제3항은 "경매절차를 개시하는 결정을 한 뒤에는 법원은 직권으로 또는 이해관계인의 신청에 따라 부동산에 대한 침해행위를 방지하기 위하여 필요한 조치를 할 수 있다"고 규정하고 있으나 실무상 이러한 문제가 발생하는 경우는 거의 없다.

6) 다만 경매 절차에서 매수인이 매각대금을 납부하여 소유권을 취득한 다음에는 그 사용, 수익권이 매수인에게 이전되므로 채무자는 매수인에게 당해 부동산을 인도하여야 하고, 사용, 수익에 대한 부당이득을 반환하여야 한다.

7) 이러한 강제경매개시결정에 불복이 있는 경우에 민사집행법 제86조 제1항은 "이해관계인은 매각대금이 모두 지급될 때까지 법원에 경매개시결정에 대한 이의신청을 할 수 있다"고 규정하고 있다. 이러한 이의신청은 경매개시 요건의 흠 등 절차상 이유로 가능하고, 집행채권의 변제 등 실체상 이유는 그 사유가 되지 않는다. 실체상 사유는 청구이의의 소의 사유가 되어 그 과정에서 집행정지, 집행취소를 구하면 된다.

8) 채무자에 대하여 이미 강제경매개시결정이 있어도 다른 채권자는 뒤에서 보는 바와 같이 배당요구를 할 수도 있으나 다시 강제경매를 신청하여 압류할 수 있다(민사집행법 제87조 제1항). 이를 이중경매(二重競賣)라 한다. 먼저 개시결정을 한 경매가 정지 또는 취하, 취소된 경우에 특별한 사정이 없는 한 뒤에 이루어진 강제경매개시결정에 따라 경매를 진행한다(민사집행법 제87조 제2항, 제4항).

3. 압류 및 매각

가. 매각(賣却)의 절차

1) 매각의 절차는 다소 복잡할 수 있으나 최대한 간단하게 그 일련의 절차를 설명한다. 강제경매 개시결정이 송달되고 압류의 효력이 발생한 이후 집행법원은 부동산을 매각한다. 먼저 매각 부동산의 현상, 점유 관계, 임대차 유무와 내용 등 현황을 정확히 파악하기 위하여 집행관에게 현황조사 명령을 하고, 감정인으로 하여금 경매 부동산을 평가하게 하고, 위 현황조사와 평가서를 기초로 경매의 중요한 정보를 담고 있는 매각물건명세서를 작성하여 비치한다. 그리고 집행법원은 여러 개의 부동산에 대하여 개별 매각을 할 수도 있으나 위치, 형태 등을 고려하여 일괄 매수하게 하는 것이 알맞다고 인정될 때는 일괄매각을 결정할 수 있다(민사집행법 제98조 제1항).

2) 그 다음에 매각방법으로 민사집행법이 규정하고 있는 호가경매(呼價競賣), 기일입찰(期日入札), 기간입찰(期間入札) 중 하나를 선정한다(민사집행법 제103조). 호가경매는 다른 사람의 매수희망 가격을 알면서 경매에 참여하는 것이고 입찰은 다른 사람의 매수희망 가격을 모른 채 경매에 참여하는 방식이다. 보통 일정한 기간을 정하여 입찰의 기회를 주는 기간입찰보다 특정한 날에 입찰을 하는 기일입찰의 방법에 의한다.

3) 그 다음에 기일입찰을 실시하는 매각기일과 기일입찰에서 최고가로 매수신고한 신고인에 대한 매각 허가 여부를 결정하는 매각결정기일을 지정하여 공고한다. 매각기일에는 감정인의 평가서를 참작하여 그 가액 이하로 매각할 수 없는 최저매각가격을 결정하여 공고한다. 보통 최저매각가격은 평가서의 시가와 일치한다.

4) 기일 입찰에서 최저매각가격을 초과하는 매수신고인이 없으면 위 최저매각가격을 저감하여 다시 매각기일을 지정하여 매각을 한다. 이를 '새 매각'이라 한다. 보통 20% 또는 30% 정도로 저감한다.

5) 입찰에 참여하기 위해서는 최저매각가격의 10%인 현금 등 매수신청의 보증금을 제공하여야 한다. 최저매각가격을 초과하는 매수신고인이 복수이면 최고의 가격으로 응찰한 사람을 최고가매수신고인으로 결정하고, 매각결정기일에 최고가매수신고인에 대하여 적법하게 매각이 진행되었는지 판단하여 매각의 허가 또는 불허가의 결정을 한다. 매각결정기일에 이해관계인은 이의를 진술할 수 있다(민사집행법 제120조). 최저매각 결정, 일괄매각 결정, 매각물건 명세서의 작성에 중대한 흠이 있는 때, 매각 절차에 중대한 잘못이 있는 때 등이 중요한 이의 사유이다. 매각허가 결정 내지 매각 불허가 결정에 대하여 이해관계인은 즉시항고를 제기할 수 있다(민사집행법 제129조). 매각허가 결정에 대한 항고 사유는 위 이의 사유와 유사하다.

6) 매각허가 결정이 확정되면 법원은 대금납부기한을 지정하고, 매수인은 위 기한까지 매각대금을 납부하여야 한다. 매각대금을 납부하면 매수인은 그 즉시 소유권을 취득한다(민사집행법 제135조). 소유권이전등기 없이도 소유권을 취득한다는 점에서 민법 제187조의 법률의 규정에 의한 물권변동이다. 매수인이 위 대금을 납부하지 않으면 다시 매각절차를 진행한다. 이를 '재매각'이라 한다.

7) 매각대금이 납부되면 배당절차가 개시되고, 매수인 앞으로 소유권이전등기 및 인수하지 않은 부담의 등기를 말소하는 촉탁을 한다. 매수인은 점유자에 대하여 부동산인도명령을 통하여 점유를 이전받을 수 있다(민사집행법 제136조).

나. 매각절차의 취소

1) 위에서 본 바와 같아 강제경매는 기본적으로 사법상 매매와 유사하므로 타인 소유의 부동산을 매각하여도 매수인은 그 소유권을 취득할 수 없다. 그리고 매수인이 매수한 부동산에 관하여 현저한 훼손이나 권리관계에 중대한 변동이 있을 수도 있다. 이러한 경우에 매수인을 구제할 필요가 있다.

2) 강제경매개시결정 이후에 부동산이 없어지거나 매각 등으로 말미암아 권리를 이전할 수 없음이 명백하게 된 때에는 집행법원은 매각절차를 취소한다(민사집행법 제96조 제1항). 예를 들어 채권자 갑이 을에게 소유권이전등기가 마쳐진 x부동산(주택)에 관하여 강제경매 개시결정을 받아 압류 기입등기를 마쳤으나 병이 을의 위 등기 이전에 마친 소유권이전청구권 보전의 가등기에 기하여 위 압류 기입등기 이후에 본등기를 마치면 을의 위 소유권이전등기는 말소되어 강제경매를 더 이상 진행할 수 없으므로 매각절차를 취소한다.

3) 위 사례에서 병이 가등기가 아니라 1순위 근저당권설정등기를 마치고, 2순위로 A의 대항력 있는 임차권이 있는 경우에 강제경매의 매수인 B가 위 근저당권의 소멸로 위 임차권도 소멸하는 것을 전제로 위 부동산을 매수하였으나 매각대금 납부 이전에 근저당권설정등기가 말소되어 A의 임차권이 소멸되지 않는 경우에 법원은 매각허가 결정을 불허가하거나 확정된 매각허가 결정을 취소할 수 있다(민사집행법 제127조 제1항). 그러므로 B는 이에 따라 구제될 수 있다(대법원 1998. 8. 24.자 98마1031 결정).

4) 그러나 이와 달리 위 2) 사례에서 부동산이 정에게 매각되어 매각대금이 납부된 이후 병이 위 가등기에 기한 본등기를 마치면 위 부동산은 매각대금 납부시에 을의 소유이어서 정에 대한 소유권이전이 불가능한 것이 아니므로 매각절차 취소 사유가 안 되나 담보책임(민법 제578조, 제576조)에 의하여 정은 배당이 실시되기 이전에는 경매에 의한 매매를 해제하여 매각절차를 취소시키고 납부한 대금의 반환을 청구할 수 있다(대법원 1997. 11. 11. 자 96그64 결정).

다. 압류 및 매각의 범위

1) 총 설

강제경매에서 집행법원이 부동산을 매각함에 있어 부동산에 대하여 부합물, 종물, 종된 권리가 있는 경우 이들이 매각의 범위에 포함되는지 문제가 된다. 채무자 소유의 부동산에 대하여 강제경매를 하는 것이므로 부동산의 소유권 범위는 보통 압류의 범위와 매각 및 시가에 대한 평가의 범위와 일치한다. 즉 주물(主物)에 대하여만 압류를 하여도 압류의 효력은 부합물, 종물, 종된 권리에 미치고, 따라서 부합물 등도 매각 및 평가의 대상이 되고 매수인은 역시 주물, 부합물 등에 대한 소유권과 기타 권리를 취득한다. 구체적으로는 다음과 같다.

2) 부합물(附合物)

가) 민법 제358조는 "저당권의 효력은 저당부동산에 부합된 물건과 종물에 미친다. 그러나 법률에 특별한 규정 또는 설정행위에 다른 약정이 있으면 그러하지 아니하다"고 규정하고 있다. 이는 저당권에 관한 규정이지만 민법의 기본 원칙으로 강제경매에 관한 압류에도 유추적용된다고 본다.

나) 부동산 부합에 관하여 민법 제256조는 "부동산의 소유자는 그 부동산에 부합한 물건의 소유권을 취득한다. 그러나 타인의 권원에 의하여 부속된 것은 그러하지 아니하다"고 규정하고 있다. 원래 부합은 소유자가 다른 2개 이상의 물건이 결합하여 사회관념상 1개의 물건으로 보이고 분리가 불가능하거나 극히 곤란한 경우에 어느 한쪽의 소유자에게 소유권을 귀속시키는 것이다. 이러한 부합된 물건에 대하여는 당연히 기존 물건의 소유자가 소유권을 취득한다. 또한 2개 이상의 물건이 같은 소유자에게 속하더라도 저당권의 효력의 범위나 압류의 효력 범위와 매각의 범위를 정하기 위해서 위 부합의 법리는 적용된다.

다) 그러므로 이러한 부합된 물건에 대하여는 소유권의 범위 내에서 압류의 효력이 미치며, 매각 및 평가의 대상이 된다. 이는 일물(一物)의 일부에 대하여 물권이 성립할 수 없다는 일물일권주의의 법리에 비추어도 당연하다고 본다. 그러나 부합이 되지 않은 경우에는 종물이 아닌 한 독립한 물건으로 원래 경매의 대상이 된 부동산과는 별개의 부동산이

되어 압류의 효력이 미치지 않는다.

라) 예를 들어 을은 갑에게 1억 원을 지급하라는 판결이 선고되고 확정되어 갑이 을에 대한 위 확정판결을 집행권원으로 집행문을 부여받아 을 소유의 x토지 지상 y주택(단층 주택)에 대하여 강제경매를 신청한(위 토지에 대하여는 강제경매를 신청하지 않았다) 경우에 등기기록에는 위 주택이 100㎡로 되어 있으나 경매 이전에 10㎡가 증축된 부분(독립된 효용은 없다)에 대하여도 부합물로 압류의 효력이 미친다. 즉 위 증축 부분은 구분소유의 대상이 되지 않으므로 표시 변경등기가 마쳐지지 않아도 위 주택에 부합되어 압류의 효력이 미치고 매각 및 평가의 대상이 된다. 그리고 집행법원에서 착오로 강제경매에서 증축 부분에 대하여도 경매의 대상이 된다는 표시를 하지 않고 시가에 대한 평가를 하지 않아도 매각의 대상이 되어 매수인 병이 증축 부분의 소유권을 취득한다. 이 점에 관하여 대법원[14]은 "건물의 증축 부분이 기존건물에 부합하여 기존건물과 분리하여서는 별개의 독립물로서의 효용을 갖지 못하는 이상 기존건물에 대한 근저당권은 민법 제358조에 의하여 부합된 증축 부분에도 효력이 미치는 것이므로 기존건물에 대한 경매절차에서 경매목적물로 평가되지 아니하였다고 할지라도 경락인은 부합된 증축 부분의 소유권을 취득한다"고 판시하였다. 위 '경락인'은 민사집행법에 의하여 '매수인'이 된다. 다만 채무자 등 이해관계인은 최저 매각가격의 작성에 중대한 하자가 있다는 이유로 매각결정 기일에 이의를 하거나 매각허가 결정에 항고를 제기할 수 있다. 이러한 매각허가 결정이 그대로 확정되어 매수인이 저렴하게 소유권을 취득하였다 하더라도 매각허가 결정은 적법하므로 매수인은 부당이득 반환 책임을 부담하지도 않는다. 예를 들어 주물이 1억 원이고 부합물이 1억 원인데 주물에 대한 시가만 평가하여 경매를 진행한 끝에 매수인이 1억 원에 매수하여도 합계 2억 원의 주물 및

14 대법원 2002. 10. 25. 선고 2000다63110 판결.

부합물의 소유권을 취득하고 부합물의 시가 1억 원에 대한 부당이득 반환 책임도 부담하지 않는다.

3) 종물(從物)과 종(從)된 권리(權利)

가) 민법 제100조는 "① 물건의 소유자가 그 물건의 상용에 공하기 위하여 자기 소유인 다른 물건을 이에 부속하게 한 때에는 그 부속물은 종물이다. ② 종물은 주물의 처분에 따른다"고 규정하고 있고, 대법원[15]은 "민법 제100조 제2항의 종물과 주물의 관계에 관한 법리는 물건 상호간의 관계뿐 아니라 권리 상호간에도 적용되고, 위 규정에서의 처분은 처분행위에 의한 권리변동뿐 아니라 주물의 권리 관계가 압류와 같은 공법상의 처분 등에 의하여 생긴 경우에도 적용되어야 하는 점, 저당권의 효력이 종물에 대하여도 미친다는 민법 제358조 본문 규정은 같은 법 제100조 제2항과 이론적 기초를 같이하는 점"이라고 하면서 구분건물의 전유부분에 대한 가압류는 그 이후에 발생한 대지권부분에 대하여도 미친다고 판시하였다. 압류의 경우에도 위 판례와 마찬가지의 법리가 적용되고, 이러한 점에 대하여 다른 견해를 취하는 학설도 없는 것 같다.

나) 위와 같이 주물과 종물은 법률적으로 운명을 같이한다는 대원칙이 종된 권리에 대하여도 적용된다. 물론 이러한 종물 이론은 종물이 주물과 같은 소유자일 경우에 한하여 적용된다. 압류 이전은 물론이고 압류 이후에 부합된 부합물이나 종물에도 압류의 효력이 미친다. 종물임에도 집행법원이 이를 독립된 부동산으로 잘못 평가하여 매각 및 평가의 대상에서 제외하여도 압류의 효력이 미치고, 따라서 매각의 대상이 되어 매수인은 위 부합물 및 종물의 소유권도 취득한다. 물론 부당이득 반환의 책임도 없다.

다) 예를 들어 위 사례에서 위 증축 부분 이외에 위 주택에 딸린 별도

15 대법원 2006. 10. 26. 선고 2006다29020 판결.

건물인 단층 창고 50㎡가 있고, 위 창고는 채무자 을의 소유이며, 항상 위 주택의 사용에 필요한 경우 법원이 주택에 대하여만 강제경매 개시결정을 하고 주택을 압류하여도 압류 및 매각의 효력이 주택의 상용에 공하고 동일 소유자에게 속하는 종물인 위 창고에 미친다. 그러므로 창고의 시가를 평가하여 창고를 매각하여야 하는데도 집행법원이 착오로 이를 하지 않아도 압류 등의 효력이 창고에 미치므로 위 경매에서의 매수인은 창고의 소유권도 취득하고 그 상당의 부당이득반환의무가 없다. 즉 부합물에 관한 법리가 그대로 적용된다.

라) 나아가 강제경매로 주물인 주택과 종물인 창고의 소유권이 매수인 병에게 이전되고 토지에 대하여는 경매가 이루어지지 않아 건물과 토지에 대한 소유자가 달라지게 되어 매수인 병은 주물과 종물인 주택과 창고에 관하여 위 토지에 대하여 관습상 법정지상권을 취득한다. 그러므로 강제경매에서 새로 취득하게 되는 법정지상권의 시가를 평가하여 최저매각대금을 정하여야 하는 것이 원칙이다. 물론 집행법원이 이를 누락하여도 매수인이 법정지상권을 취득하는 데 지장이 없다.

마) 매수인 병이 강제경매로 매수한 위 주택 및 창고에 대하여 병의 채권자 정의 신청에 의한 강제경매가 진행되게 되어 무가 매수하여 매각대금을 납부하면 위 법정지상권 역시 종된 권리로 압류 및 매각의 대상이 되므로 법원이 이를 평가하지 않아도 위와 같은 매각허가에 대한 이의나 항고가 없는 한 매수인 무가 민법 제187조에 의하여 법정지상권 이전 등기 없이 법정지상권을 이전받아 취득한다. 그러므로 위 토지의 소유자인 을은 무를 상대로 위 주택 및 창고의 철거를 청구할 수 없고, 그 대신 법정지상권에 대한 지료를 청구할 수 있을 뿐이다.

라. 매각에서 인수주의(引受主義) 및 소멸주의(消滅主義)

1) 강제경매의 매각은 기본적으로 매매와 유사하나 앞에서 설명한 바와 같이 매도인으로 취급되는 채무자의 의사가 배제된 채 국가기관인

집행법원이 부동산 경매절차를 진행하고 이해관계인이 많으므로 민사집행법은 매각의 내용, 즉 매각조건(賣却條件)에 관하여 획일적으로 정하고 있다. 무엇보다 중요한 것은 강제경매의 매각에 관하여 매수인은 기존의 저당권 등 물적 부담이 모두 소멸한 채 목적물의 소유권을 취득하는지, 아니면 기존의 물적 부담이 모두 그대로 존재한 채 소유권을 취득하는지에 관한 점이다. 이에 따라 매수인의 매각대금에 차이가 날 수밖에 없다. 이 점에 관하여 민사집행법 제91조는 그에 관한 매각조건에 대하여 규정하고 있다. 이하에서 차례로 설명하기로 한다.

2) 담보권자 및 (가)압류권자 등 금전 채권자

가) 저당권이나 근저당권(이하 같은 법리가 적용되므로 저당권자에 대하여만 설명한다)이 가압류나 압류 이후에 설정된 경우에는 가압류나 압류의 처분금지효에 위배되므로 매각대금이 납부되면 말소된다. 그러나 저당권이 가압류나 압류에 앞선 경우에는 이러한 처분금지효가 적용되지 않아 문제가 된다.

나) 그런데 민사집행법 제91조 제2항은 "매각부동산 위의 모든 저당권은 매각으로 소멸된다"고 규정하여 저당권은 비록 최선순위라 하더라도 소멸한다. 저당권자는 담보물권자이므로 목적물의 교환가치를 우선적으로 지배하여 우선변제를 받을 지위에 있고, 원칙적으로 소유자의 사용, 수익에는 관여하지 않으므로 피담보채권의 만족을 받는 것에 주안점이 있다. 물론 피담보채권의 변제기가 도래하여도 저당권자는 저당권의 실행 시기를 선택하는 등으로 저당권자에게 유리하게 저당권을 실행할 수 있으나 궁극적으로는 피담보채권을 만족받으면 큰 피해는 없고, 민사집행법 제91조 제1항에 의하여 후순위 채권자의 강제경매 신청에 의하여 선순위 저당권자의 피담보채권의 변제에도 부족한 경우에는 담보 제공 없이는 경매를 속행할 수 없으므로[이를 잉여주의(剩餘主義)라 한다] 저당권자에게 큰 피해가 없다. 그리고 이러한 소멸주의에 따라 피담보채권의 변제기가 도래하지 않아도 저당권은 소멸하고, 저당권자는 저

당권의 소멸 대신에 배당요구하지도 않아도 당연히 배당절차에 참여하여 우선적으로 배당을 받아 채권 만족을 받는다.

다) 「가등기담보 등에 관한 법률」의 가등기담보권자도 담보권자로 저당권자의 지위와 유사한 측면이 있으므로 역시 소멸주의가 적용된다(가등기담보 등에 관한 법률 제15조). 압류 및 가압류 채권자의 지위 역시 금전채권을 보전하기 위한 것이고 강제경매 개시결정 이전에 압류 및 가압류를 한 경우에는 배당요구를 하지 않아도 배당에 참여하고(민사집행법 제148조), 그 이후에 한 가압류권자도 배당요구를 하면 배당에 참여하므로(민사집행법 제88조) 역시 경매에 의하여 소멸된다. 아래에서 보는 민사집행법 제91조 제3항도 압류 및 가압류에 대하여 위와 같은 소멸을 전제로 하고 있다고 볼 수 있다.

라) 이러한 소멸주의가 적용되는 저당권 등은 항상 소멸하는 것은 아니고 이를 유지할 특별한 사정이 있는 경우에는 법원이 특별매각조건으로 인수를 결정할 수 있다(민사집행법 제111조 등). 그러면 최저매각 가격에서 위 저당권 등의 피담보채권을 공제하므로 매수인은 그만큼 저렴하게 매수하고, 그 대신 매수인이 저당권을 인수하게 되어 저당권 등은 계속 존속하게 된다.

3) 용익물권자 등

가) 민사집행법 제91조 제3항은 "지상권 · 지역권 · 전세권 및 등기된 임차권은 저당권 · 압류채권 · 가압류채권에 대항할 수 없는 경우에는 매각으로 소멸된다". 제4항은 "제3항의 경우 외의 지상권 · 지역권 · 전세권 및 등기된 임차권은 매수인이 인수한다. 다만, 그중 전세권의 경우에는 전세권자가 제88조에 따라 배당요구를 하면 매각으로 소멸된다"고 규정하고 있다. 그러므로 지상권 · 지역권 · 전세권 및 등기된 임차권에 관하여는 저당권과 달리 소멸하지 않고 매수인에게 인수된다. 즉 인수주의가 적용된다. 지상권 · 지역권은 부동산의 사용 내지 수익을 목적으로 하는 용익물권이므로 피담보채권이 없고, 등기된 임차권은 채권이나

대항력이 있어 용익물권과 유사하고 주택이나 상가건물이 아닌 한 우선변제권이 없기 때문에 소멸주의를 적용하기 어렵다고 본다. 소멸주의가 적용되면 지상권 등 용익물권이 소멸하나 대신 금전채권자가 아니므로 배당에 참여하지도 못하여 불합리하다.

나) 전세권에는 사용, 수익 권능과 우선변제권이 있어 용익물권과 담보물권의 성격을 함께 가지고 있으나 기본적으로 용익물권에 중점이 있으므로 입법정책 측면에서 인수주의를 취하되, 전세권자가 적법하게 배당요구를 하면 매각으로 소멸된다는 소멸주의를 취하였다. 건물에 관하여 전세권의 존속기간이 만료하더라도 법정갱신이 적용될 수 있으므로(민법 제312조 제4항) 전세권의 존속 여부를 잘 알기 어렵기 때문에 위와 같이 배당요구에 의하여 소멸하는 것으로 입법을 하였다고 이해할 수 있다. 그러므로 전세권의 목적물이 토지나 건물에 관계없이 전세권의 종료 여부와 관계없이 최선순위 전세권자는 배당요구를 할 수 있고, 배당요구를 하면 전세권은 소멸하며, 배당요구를 하지 않으면 전세권은 존속한다. 배당요구를 한 이상 철회할 수 없다(민사집행법 제88조). 따라서 전세권이 종료되어 담보물권으로서의 전세권만 남아 있어도 전세권자가 배당요구를 하지 않으면 전세권은 존속한다.

다) 주택임대차보호법이나 상가건물임대차보호법상의 대항요건(주택의 경우는 주민등록과 인도, 상가건물의 경우 사업자등록과 인도) 및 확정일자를 갖추어 우선변제권을 갖춘 경우에는 배당요구를 하지 않고 대항력(임대차 승계)을 주장할 수도 있고, 배당요구를 하여 우선변제권을 행사할 수도 있다(단, 배당요구를 한 이상 민사집행법 제88조에 의하여 배당요구를 철회할 수 없다). 이러한 우선변제권을 행사한 경우 기본적으로 임차권은 소멸하나 임대차보증금을 전부 변제받지 못한 경우에는 그 범위 내에서 임차권은 소멸하지 아니한다. 즉 주택임대차보호법 제3조의5는 "임차권은 임차주택에 대하여 「민사집행법」에 따른 경매가 행하여진 경우에는 그 임차주택의 경락에 따라 소멸한다. 다만, 보증금이 모두 변제되지 아니한, 대항력이 있는 임차권은 그러하지 아니하다"고 규정하고 있다. 상가

건물임대차보호법 제8조도 같은 취지로 규정하고 있다.

라) 다만 민사집행법 제91조 제3항이 규정하는 바와 같이 이러한 인수주의가 적용되는 경우라 하더라도 인수되는 권리가 최선순위이거나 인수되는 권리보다 선순위 권리 중에 저당권 등 소멸되는 권리가 없는 경우에는 인수주의가 적용되나, 선순위 권리 중 소멸하는 권리가 있으면 그 이하의 용익물권 등은 인수주의와 관계없이 소멸한다. 예를 들어 시가 1억 원의 부동산에 피담보채권 1억 원의 1순위 저당권이 있고, 2순위로 지상권 내지 등기된 임차권이 있을 경우 소멸주의에 의해 저당권은 소멸하는데 지상권 등이 매수인에게 인수되어 소멸되지 않으면 매각대금이 시가 1억 원에서 지상권 내지 임차권의 부담을 감안하여 감소한다. 그렇게 되면 저당권자는 피담보채권 전액을 변제받지 못하여 우선변제권이 침해될 수 있으므로 2순위 지상권 내지 임차권자의 권리는 소멸한다.

마) 그러므로 1순위 저당권 등이 있는 경우 2순위로 주택임대차보호법상의 대항력과 우선변제권을 갖춘 임차인은 경매의 매수인에 대하여 대항력을 주장할 수 없고 소멸한다. 그러므로 임차인은 배당요구를 하여야 한다. 그렇지 않으면 배당도 받지 못하고 임차권도 소멸한다(대법원 2000. 2. 11. 선고 99다59306 판결).

4) 유치권

가) 유치권은 담보물권이나 우선변제권이 없다. 민법 제320조 제1항은 "타인의 물건 또는 유가증권을 점유한 자는 그 물건이나 유가증권에 관하여 생긴 채권이 변제기에 있는 경우에는 변제를 받을 때까지 그 물건 또는 유가증권을 유치할 권리가 있다"고 규정하고 있다. 그러므로 유치권자는 피담보채권을 변제받을 때까지 목적물을 유치하여 소유자 등에게 인도를 거절할 수 있고, 피담보채권을 변제받기 위하여 목적물에 대하여 경매를 청구할 수도 있으나(민법 제322조 제1항), 우선변제권은 없다. 그런데 민사집행법 제91조 제5항은 "매수인은 유치권자에게 그 유

치권으로 담보하는 채권을 변제할 책임이 있다"고 규정하여 유치권에 관하여 기본적으로 인수주의를 취하고 있다. 보통 공사비 채권 등 유치권의 피담보채권은 목적물의 가치 증대에 기여하기 때문에 인수주의를 취할 수 있으며, 유치권보다 선순위의 권리가 소멸하여도 유치권은 소멸하지 않는 것이 원칙이다. 그러나 경매에서 유치권이 인수되어 매각이 원활하게 이루어지지 않는 경우가 많다. 그리고 유치권 신고에 특별한 집행권원이 요구되는 것이 아니어서 허위의 유치권이 신고되는 경우도 많이 있다고 설명되고 있다. 그러므로 유치권의 인수 여부에 대한 적절한 취급이 필요하다.

나) 이러한 점에서 판례는 경매에서 매수인에게 인수되는 유치권의 범위를 제한하고 있다. 즉 대법원[16]은 "부동산 경매절차에서의 매수인은 민사집행법 제91조 제5항에 따라 유치권자에게 그 유치권으로 담보하는 채권을 변제할 책임이 있는 것이 원칙이나, 채무자 소유의 건물 등 부동산에 경매개시결정의 기입등기가 경료되어 압류의 효력이 발생한 이후에 채무자가 위 부동산에 관한 공사대금 채권자에게 그 점유를 이전함으로써 그로 하여금 유치권을 취득하게 한 경우, 그와 같은 점유의 이전은 목적물의 교환가치를 감소시킬 우려가 있는 처분행위에 해당하여 민사집행법 제92조 제1항, 제83조 제4항에 따른 압류의 처분금지효에 저촉되므로 점유자로서는 위 유치권을 내세워 그 부동산에 관한 경매절차의 매수인에게 대항할 수 없다. 그러나 이러한 법리는 경매로 인한 압류의 효력이 발생하기 전에 유치권을 취득한 경우에는 적용되지 아니하고, 유치권 취득시기가 근저당권설정등기 이후라거나 유치권 취득 전에 설정된 근저당권에 기하여 경매절차가 개시되었다고 하여 달리 볼 것은 아니다"고 판시하였다. 결론적으로 압류 이후에 유치권자의 점유가 시작되었거나 피담보채권의 변제기가 도래하면 유치권은 소멸하고, 그 이

16 대법원 2009. 1. 15. 선고 2008다70763 판결.

전에 점유가 시작되고 피담보채권의 변제기가 도래하면 유치권은 매수인에게 인수된다.

다) 인수되는 유치권의 효력에 관하여 민사집행법 제91조 제5항이 '매수인이 유치권자에게 피담보채권을 변제할 책임이 있다'고 규정한 것은 매수인의 유치권 채무자의 채무를 인수하는 것은 아니고 물적 부담만 인수한다는 의미로서 유치권자는 경매의 매수인에 대하여 그 피담보채권의 변제가 있을 때까지 유치목적물인 부동산의 인도를 거절할 수 있을 뿐이고 그 피담보채권의 변제를 청구할 수는 없다(대법원 1996. 8. 23. 선고 95다8713 판결).

5) 기타의 권리

민사집행법 제91조에서 규정하고 있지 않은 나머지 권리에 관하여 살펴보면, 위 담보가등기와 달리 순위 보전을 위한 가등기, 즉 매매로 인한 소유권이전 청구권을 보전하기 위한 가등기나 매매대금 채권의 담보가등기 등 가등기담보 등에 관한 법률이 적용되지 않은 가등기는 소멸하는 선순위 권리가 없는 이상 매수인에게 인수된다. 소유권이전등기 청구권을 보전하기 위한 처분금지가처분 역시 가압류와 달리 배당에 참가할 수 없으므로 역시 소멸하는 선순위 권리가 없는 이상 매수인에게 인수된다.

6) 사례 연습

가) 채무자 A 소유의 건물에 관하여 1순위로 갑의 근저당권설정등기, 2순위로 을의 전세권설정등기, 3순위로 병의 가처분등기, 4순위로 정의 유치권(아래 무의 강제경매 개시결정 기입등기 이전에 점유하고 있었을 뿐 아니라 피담보채권의 변제기가 도래하였다), 5순위인 무의 강제경매 개시결정으로 B에게 매각되어 매각대금이 납부되었다. 배당요구를 한 채권자는 없었다. 이 경우 소멸하는 권리는 무엇인가? —답) 1순위인 갑의 근저당권설정등기가 소멸하므로 그 후순위인 을의 전세권, 병의 가처분, 무의 압류

는 모두 소멸하고 정의 유치권은 인수주의에 따라 인수된다. 갑과 을은 배당을 받는다.

나) 채무자 A 소유의 단층 주택에 관하여 1순위로 갑의 가등기(단, 순수한 소유권이전등기청구권 보전의 가등기임), 2순위로 을의 임차권(인도 및 주민등록을 마치고 확정일자를 받음), 3순위로 병의 근저당권설정등기, 4순위로 정의 가처분등기(매매로 인한 소유권이전등기청구권을 피보전권리로 함), 5순위로 무의 가압류가 있었고, 무가 가압류에 기한 본압류로 이전하는 강제경매를 신청하여 B에게 매각되어 매각대금이 납부되었다. 배당요구한 채권자는 없었다. 이 경우 소멸하는 권리는 무엇인가? ㅡ답) 갑은 순수한 순위 보전의 가등기이고 1순위이므로 소멸하지 않아 존속하고, 을은 배당요구를 하지 않고 소멸하는 선순위 권리자가 없으므로 역시 소멸하지 않고 존속한다. 병의 근저당권은 소멸주의에 따라 소멸한다. 그보다 후순위인 정의 가처분 등기 및 무의 가압류와 본압류는 모두 소멸한다.

4. 배당(配當)

가. 배당절차의 중요성

1) 앞에서 본 바와 같이 채권자의 신청에 따라 집행법원이 채무자 소유의 부동산에 대하여 강제경매개시결정을 하고 부동산을 압류한 다음 매각절차를 거치는 최종 목표는 경매절차에 참가하는 채권자들에게 매각대금을 배당하는 데 있다. 그러므로 매각대금이 지급되면 법원은 배당절차를 받는다(민사집행법 제145조). 다시 말하면 채권자가 앞에서 본 바와 같이 채무자의 부동산에 대하여 가압류를 하고 확정판결 등 집행권원을 받아 강제경매를 신청하여 강제경매가 진행되어 배당을 받아야 비로소 채권의 전부 또는 일부의 만족을 받는 것이다. 채권자의 입장에

서는 배당이 강제집행의 최종 종착지라고 할 수 있다.

2) 그러므로 채무자에 대한 채권자라도 배당절차에 참여하지 못하는 한 채권의 만족을 받을 수 없고, 배당절차에 참여한 채권자도 민사집행법 등 법률이 정한 정당한 범위 내에서 배당을 받을 수 있다. 배당에 참가하지 못하거나 정당한 배당 액수보다 적은 금액을 배당받은 경우에는 채무자에 대한 채권은 전부 내지 일부가 소멸하지 않지만 채무자가 무자력이면 다시 변제받기는 어렵다.

나. 평등주의(平等主義), 우선주의(優先主義) 등

1) 부동산 강제경매에서 매각대금으로 경매절차에 참가한 모든 채권자들의 채권이 만족되지 않을 때 저당권 있는 채권 등 실체법상 우선변제권이 있는 채권을 제외한 나머지 채권을 어떻게 배당하는지 문제가 된다.

2) 우선변제권이 없는 채권은 실체법상 평등하다는 원칙이 집행법상 배당에 그대로 적용되는 것은 아니다. 실체법상 평등하더라도 어떤 순위로 배당을 하는 것은 이론의 문제가 아니라 입법 정책의 문제이다.

3) 평등주의(平等主義)는 우선변제권이 없는 채권자들은 실체법상의 평등주의와 마찬가지로 집행법상으로도 집행한 순서와 관계없이 평등하게 배당을 받는 방식이다. 채권 평등주의에 가장 부합하여 이상적인 방식이라 할 것이나, 먼저 비용을 들여 경매를 신청한 채권자에게 혜택이 없고, 절차가 지연되며, 허위 채권자들이 나타날 가능성이 많은 단점이 있다.

4) 다음으로 먼저 집행한 채권자가 전액 변제를 받은 다음에 나머지 금액은 그다음에 집행한 채권자가 배당을 받는 우선주의(優先主義) 방식이 있다. 자신의 비용과 노력으로 먼저 집행한 채권자에게 우선권을 부여하고 신속하게 절차를 진행하기는 하나 먼저 집행한 채권자에게 우선권을 부여하는 것이 항상 적절한지는 의문이고 채권의 평등에 반하는

문제가 있다.

5) 또한 집행에 참가하는 기간을 정하여 최초의 기간 내에 참가한 압류채권자 등 채권자를 평등하게 배당하되 그 후에 참가한 채권자들에 대하여는 우선하여 배당하고, 나머지 금액을 그 후에 정해진 기간 내에 참가한 채권자들에게 평등하게 배당하는 군단우선주의(群團優先主義)가 있다.

6) 현행 민사집행법은 평등주의를 취하되, 다음에서 보는 바와 같이 배당요구 자격자를 제한하고 배당요구 시기를 제한하여 평등주의의 단점을 보완하고 있다.

다. 배당요구(配當要求)

1) 다른 채권자가 신청한 강제경매 절차에서 자신의 채권을 배당받기 위하여 신청하는 집행법상의 행위를 배당요구라 한다. 배당요구는 이중강제경매 신청과 달리 강제경매에서 종속적인 지위를 가지므로 강제경매가 취하되는 등으로 종료되면 배당요구 효력 역시 소멸한다. 채무자에 대한 채권자라도 일정한 경우에 이러한 배당요구를 하지 않으면 배당절차에 참가할 수 없어 배당받을 수 없다.

2) 민사집행법 제88조 제1항은 “집행력 있는 정본을 가진 채권자, 경매개시결정이 등기된 뒤에 가압류를 한 채권자, 민법 · 상법, 그 밖의 법률에 의하여 우선변제청구권이 있는 채권자는 배당요구를 할 수 있다”고 규정하고 있다. 집행력 있는 정본을 가진 채권자란 확정 판결 등 집행권원에 집행문을 부여받은 채권자를 말함은 앞에서 설명한 바와 같다. 그러나 확정된 지급명령 등 집행문이 필요 없는 채권자는 집행문이 없이도 집행력이 있는 정본을 가진 채권자에 포함된다.

3) 강제경매개시결정이 등기된 뒤에 가압류를 한 채권자는 그 가압류 여부를 집행법원이 알 수 없으므로 배당요구를 하여야 배당에 참가할 수 있다.

4) 우선변제청구권이 있는 채권자는 주택임대차보호법이나 상가건물 임대차보호법이 정한 대항요건과 확정일자를 갖추었거나 소액보증금(주택의 경우는 주택임대차보호법 제8조)에 해당하는 임차인의 임차보증금반환 채권, 임금채권, 조세채권 등이 여기에 해당한다. 강제경매개시결정이 등기된 후의 저당권자도 집행법원이 그 존재 여부를 잘 알지 못하므로 우선변제청구권이 있는 채권자로 배당요구를 하여야 한다.

5) 그 밖의 채권자는 채무자에 대한 실체법상 채권자라 하더라도 위의 요건을 갖추지 못하여 배당요구를 할 수 없기 때문에 배당에 참가하지 못한다. 예를 들어 채무자에 대하여 1억 원의 대여금 채권이 있는 채권자라도 집행권원이나 가압류를 하지 않았으면 배당요구를 할 수 없다. 결국 채무자가 무자력이면 채권의 만족을 받기 어렵다.

6) 민사집행법 이전의 구 민사소송법은 매각허가결정시까지 배당요구를 할 수 있었으나 민사집행법은 이를 앞당겼다. 즉 민사집행법 제84조 제1항은 "경매개시결정에 따른 압류의 효력이 생긴 때(그 경매개시결정 전에 다른 경매개시결정이 있은 경우를 제외한다)에는 집행법원은 절차에 필요한 기간을 고려하여 배당요구를 할 수 있는 종기를 첫 매각기일 이전으로 정한다"고 규정하고 있다. 이는 배당에 참가할 수 있는 채권자의 범위를 조기에 확정하여 강제경매의 신속한 진행과 조속한 법률관계의 안정을 위한 조치라고 이해할 수 있다.

7) 이러한 배당요구 기한을 지키지 아니한 채권자는 그 후 배당요구를 할 수도 없고, 다른 배당 참가 채권자를 상대로 부당이득반환을 청구할 수도 없다. 이 점에 관하여 대법원[17]은 "집행력 있는 정본을 가진 채권자 등은 배당요구의 종기까지 배당요구를 한 경우에 한하여 비로소 배당을 받을 수 있고, 적법한 배당요구를 하지 않은 경우에는 매각대금으로부터 배당을 받을 수는 없다. 이러한 채권자가 적법한 배당요구를 하지 않

17 대법원 2020. 10. 15. 선고 2017다216523 판결.

아 배당에서 제외되는 것으로 배당표가 작성되어 배당이 실시되었다면, 그가 적법한 배당요구를 한 경우에 배당받을 수 있었던 금액에 해당하는 돈이 다른 채권자에게 배당되었다고 해서 법률상 원인이 없는 것이라고 할 수 없다"고 판시하였다.

라. 배당요구를 하지 않아도 배당을 받을 채권자의 범위

1) 그런데 일정한 채권자의 경우에는 배당요구를 하지 않아도 배당절차에 참가하여 배당을 받을 수 있다. 이러한 채권자들은 배당요구를 할 자격이 있고 첫 경매개시결정 등기 전에 등기되어 집행법원이 그 권리 존재를 알고 있을 뿐 아니라 금전채권자로서 앞에서 본 소멸주의에 따라 소멸하는 채권자이므로 따로 배당요구가 필요하지 않다. 이 점에 관하여 차례로 살펴보기로 한다.

2) 압류채권자

경매신청을 한 압류채권자나 이중으로 압류를 신청하여 강제경매개시결정을 받은 채권자를 말한다. 민사집행법 제148조 제1호는 배당요구의 종기까지 경매신청을 한 압류채권자는 배당에 참가할 수 있다고 규정하고 있다. 앞에서 본 바와 같이 압류채권자의 최종 목표는 배당을 받는 데 있고, 압류를 하는 것은 채무자의 목적 부동산에 대한 처분을 방지하기 위함이다. 그러므로 부동산의 매각이 완료되어 매수인이 매각대금을 납부하여 소유권이 매수인에게 이전되면 압류의 목적은 달성된 것이다. 그 이후에는 압류의 효력은 소멸하고 압류권자는 배당권자의 지위로 전환하는 것이다.

3) 첫 강제경매개시결정 등기 전에 등기된 가압류채권자

압류채권자와 마찬가지로 가압류채권자는 가압류에 의하여 처분금지효를 주장할 수 있고, 소멸주의에 따라 소멸하므로 매각대금 납부로 부동산의 소유권이 매수인에게 이전되면 배당권자의 지위로 전환되어 당연히 배당을 받는다. 민사집행법 제148조 제3호는 첫 경매개시결정 등기 전에 등기된 가압류채권자는 배당요구를 하지 않아도 배당에 참가하는 채권자로 규정하고 있다. 그러나 그 채권이 확정되지 않으므로 배당금은 공탁되어 확정 판결 등 집행권원을 얻어 공탁금을 출급한다(민사집행법 제160조, 제161조).

4) 저당권・전세권, 그 밖의 우선변제청구권으로서 첫 경매개시결정등기 전에 등기되었고 매각으로 소멸하는 채권자

앞에서 본 바와 같이 소멸주의에 따라 소멸하는 우선변제 채권자는 그 권리가 소멸하는 대신에 당연히 배당절차에 참가하여 배당을 받는다. 민사집행법 제148조 제4호는 저당권・전세권, 그 밖의 우선변제청구권으로서 첫 경매개시결정등기 전에 등기되었고 매각으로 소멸하는 것을 가진 채권자는 당연히 배당에 참가하는 채권자로 규정하고 있다. 최선순위 전세권자는 매각으로 소멸하지 않으므로 배당요구를 하여야 배당을 받을 수 있다.

마. 배당의 순위(順位)

1) 우선변제권이 있는 채권이라도 모두 동일한 순위에 의하여 배당을 받는 것이 아니라 특별히 사회정책적으로 보호하여야 할 채권은 저당권자 등 일반 담보권자의 피담보채권보다 우선한다.

2) 흔히 발생하는 조세채권의 법정 기일 전에 저당권에 의하여 담보되는 채권이 있는 경우 먼저 1순위로 주택임대차보호법의 적용 대상인 주택이나 상가건물임대차보호법 제2조가 적용되는 상가건물 임대차에 관하여 대항력을 갖춘 임차인 중 소액임차보증금 채권(다만 대지 및 부동산 가액의 1/2 범위 내에서 인정)과 근로기준법 등에서 규정하는 최종 3개월분의 임금과 최종 3년간의 퇴직금 및 재해보상금 채권이 있다. 이들 각 채권은 같

은 순위로 배당한다. 그러나 예를 들어 주택임대차보호법 제8조의 소액 임차인은 서울특별시의 경우 2023. 2. 21.부터 1억 6,500만 원 이하이고, 그중 5,500만 원을 우선 배당하므로 보증금이 2억 원으로 1억 6,500만 원을 초과하면 소액임차보증금 채권이 아니므로 1순위로 5,500만 원을 배당받지 못하고 다음에서 보는 확정일자에 따른 순위에 의하여 배당받는다.

3) 경매 목적물에 관하여 부과된 국세와 지방세, 즉 증여세 등 당해세가 2순위로 배당을 받는다.

4) 조세의 법정기일보다 먼저 설정 등기된 저당권, 전세권에 의하여 담보되는 채권, 위 주택이나 상가건물 임대차에 관하여 대항요건과 확정일자 있는 임차보증금반환 채권이 3순위이고, 담보권과 임차보증금 채권은 설정등기와 대항요건과 확정일자를 모두 갖춘 날짜를 기준으로 순위에 따라 배당된다.

5) 4순위로 1순위를 제외한 근로기준법 등에 의한 임금, 퇴직금 등이며, 5순위로 2순위를 제외한 국세, 지방세 등이다. 그 다음으로 고용보험료 등 공과금 등이 있으며, 일반채권은 마지막 순위로 배당을 받는다.

6) 예를 들어 갑의 주택(서울특별시 소재)에 관한 경매에서 집행비용을 제외하고 매각대금 1억 원을 배당한다고 가정한다. 을은 1순위 근저당권자(2023. 2. 22. 설정등기)이고 피담보채권은 5,000만 원이고, 병은 을의 근저당권설정등기 다음으로 전입신고, 인도 및 확정일자를 마친 주택임차인으로 임대차보증금은 7,000만 원이다(주택임대차보호법 제8조의 소액임차인은 위에서 본 바와 같이 서울특별시의 경우 2023. 2. 21.부터 1억 6,500만 원 이하이고, 그중 5,500만 원을 우선 배당한다). 정은 갑에 대하여 근로기준법 소정의 최종 3개월분 임금 1,000만 원의 채권이 있다. 국가는 갑에 대하여 국세기본법의 이른바 당해세로 3,000만 원 채권이 있고 그 법정기일은 을의 위 근저당권설정일 이후이다. 무는 갑에 대하여 2,000만 원의 채권을 피보전권리로 하여 위 주택에 대하여 가압류등기를 마친 채권자이

고, 정이 위 채권에 관하여 집행권원과 집행문을 부여받아 이 사건 강제경매를 신청하였다. 모두 적법한 배당요구 및 교부청구를 하였다. 이 경우 배당 1순위는 병의 소액임차보증금 채권인 5,500만 원과 정의 3개월분 임금 채권 1,000만 원이고, 2순위는 당해세 3,000만 원 채권이며, 3순위는 을의 근저당권 채권인데 그중 1, 2순위에 대하여 배당하고 남은 500만 원을 배당받는다. 무는 전혀 배당을 받지 못한다. 만일 병의 임차보증금이 2억 원이라면 병은 소액임차인이 아니므로 보증금 중 5,500만 원을 1순위로 우선 배당받지 못하고 확정일자 있는 임차인으로 우선 배당을 받으므로 병은 4순위가 되어 위 임금채권과 당해세 채권 합계 4,000만 원과 을이 배당 받은 5,000만 원을 제외한 나머지 1,000만 원을 배당받는다.

바. 배당표(配當表)의 작성

1) 법원은 매수인이 매각대금을 납부한 후 배당기일을 정한 다음 배당표를 작성하여 비치한다. 민사집행법 제150조는 "① 배당표에는 매각대금, 채권자의 채권의 원금, 이자, 비용, 배당의 순위와 배당의 비율을 적어야 한다. ② 출석한 이해관계인과 배당을 요구한 채권자가 합의한 때에는 이에 따라 배당표를 작성하여야 한다"고 규정하고 있다.

2) 배당표의 기재례는 다음과 같다. 이 중 가장 중요한 내용은 아래 배당순위와 배당액이다. 채권 금액은 채권자가 주장한 금액에 기초한 것이지 집행법원이 그 존재를 인정한 내용은 아니다. 배당표가 확정되면 나중에 채권자가 위 배당액을 지급받는다.

00지방법원

배 당 표

0000타경0000 부동산강제경매

<table>
<tr><td colspan="2">배당할 금액(①)</td><td colspan="4">1억 200만 원</td></tr>
<tr><td rowspan="5">명
세</td><td>매 각 대 금</td><td colspan="4">1억 200만 원</td></tr>
<tr><td>지 연 이 자</td><td colspan="4">0</td></tr>
<tr><td>항고보증금</td><td colspan="4">0</td></tr>
<tr><td>전매수인의
매수신청보증금</td><td colspan="4">0</td></tr>
<tr><td>보증금등이자</td><td colspan="4">0</td></tr>
<tr><td colspan="2">집 행 비 용(②)</td><td colspan="4">200만 원</td></tr>
<tr><td colspan="2">실제 배당할 금액
(①-②)</td><td colspan="4">1억원</td></tr>
<tr><td colspan="2">매 각 부 동 산</td><td colspan="4">서울 00구 00동 00지상 철근콘크리트조 슬래브지붕
단층주택 300㎡</td></tr>
<tr><td colspan="2">채 권 자</td><td>김갑동</td><td>이을남</td><td>박병삼</td><td></td></tr>
<tr><td rowspan="4">채
권
금
액</td><td>원 금</td><td>1,000만 원</td><td>1,000만 원</td><td>2억 원</td><td></td></tr>
<tr><td>이 자</td><td>0</td><td>0</td><td>5,000만 원</td><td></td></tr>
<tr><td>비 용</td><td>0</td><td>0</td><td>0</td><td></td></tr>
<tr><td>계</td><td>1,000만 원</td><td>1,000만 원</td><td>2억5,000만 원</td><td></td></tr>
<tr><td colspan="2">배 당 순 위</td><td>1</td><td>1</td><td>2</td><td></td></tr>
<tr><td colspan="2">이 유</td><td>신청채권자
(근로자우선
채권)</td><td>임차보증금
(소액)</td><td>근저당권자</td><td></td></tr>
<tr><td colspan="2">채 권 최 고 액</td><td>1,000만 원</td><td>1,000만 원</td><td>2억 5,000만 원</td><td></td></tr>
<tr><td colspan="2">배 당 액</td><td>1,000만 원</td><td>1,000만 원</td><td>8,000만 원</td><td></td></tr>
<tr><td colspan="2">잔 여 액</td><td>9,000만 원</td><td>8,000만 원</td><td>0</td><td></td></tr>
<tr><td colspan="2">배 당 비 율</td><td>100%</td><td>100%</td><td>32%</td><td></td></tr>
<tr><td colspan="2">공 탁 번 호
(공 탁 일)</td><td>금제 호
(20 . . .)</td><td>금제 호
(20 . . .)</td><td>금제 호
(20 . . .)</td><td></td></tr>
</table>

2020. 0. 0.

사법보좌관 김 0 0 (인)

사. 배당표에 대한 이의 및 부당이득반환

1) 집행법원은 배당에 참가한 채권자의 주장과 소명자료에 의하여 배당의 순위와 금액을 정하여 배당표를 작성하므로 배당표가 실체관계에 꼭 부합하는 것은 아니다.

2) 그래서 채무자와 각 채권자는 다른 채권자에 대한 배당 채권의 존부, 범위 및 순위에 관하여 이의할 수 있다. 채무자는 서면으로 이의할 수도 있으나 채권자는 배당기일에 출석하여 말로 이의를 진술하여야 한다(민사집행법 제151조). 그러므로 위 배당표에서 근저당권자 박병삼은 채권액 중 일부만 만족을 받았기 때문에 1순위 채권자들의 채권이 발생하지 않았거나 소멸하였다며 이의를 제기할 수도 있고, 1순위 채권자들의 배당 순위가 소액임차보증인이 아니라는 등 자신보다 후순위라는 이유로 이의를 제기할 수도 있다.

3) 채무자 또는 채권자의 이의에 대하여 이의 상대방인 채권자가 이의를 인정하면 그에 따라 배당표를 경정하면 되나, 이의를 인정하지 않으면 집행법원이 이의가 정당한지 여부를 심사할 수 없고, 이의 채무자나 채권자는 배당이의의 소를 제기하여야 한다. 이의 상대방인 채권자가 불출석한 경우에도 이의를 인정하지 않은 것으로 보므로(민사집행법 제153조) 채무자 또는 채권자는 배당이의의 소를 제기하여야 한다. 다만 이의 상대방인 채권자가 집행권원을 가지고 있다면 채무자는 청구이의의 소를 제기하여야 하고(민사집행법 제154조 제2항), 다른 채권자는 배당이의의 소를 제기하면 된다.

4) 채무자 또는 채권자는 배당기일로부터 1주일 이내에 배당이의의 소(집행권원이 있는 채권자에 대하여 채무자는 청구이의의 소)를 제기하고 그 소 제기 사실을 배당법원에 증명하지 않거나, 채무자가 청구이의의 소를 제기할 경우에는 그 집행정지 재판의 정본을 제출하지 않으면 배당이의가 취하된 것으로 본다(민사집행법 제154조 제3항). 그 경우에는 원래 작성한 배당표대로 배당을 실시한다.

5) 나아가 배당이의를 하지 않은 채권자나 배당이의가 취하된 채권자도 배당을 받은 채권자에 대하여 부당이득 반환을 청구할 수 있다. 이 점에 관하여 대법원[18]은 "확정된 배당표에 의하여 배당을 실시하는 것은 실체법상의 권리를 확정하는 것이 아니므로, 배당을 받아야 할 채권자가 배당을 받지 못하고 배당을 받지 못할 자가 배당을 받은 경우에는 배당을 받지 못한 채권자로서는 배당에 관하여 이의를 한 여부에 관계없이 배당을 받지 못할 자이면서도 배당을 받았던 자를 상대로 부당이득 반환청구권을 갖는다 할 것이고, 배당을 받지 못한 그 채권자가 일반채권자라고 하여 달리 볼 것은 아니다"고 판시하였다. 예를 들어 갑에 대하여 을, 병, 정은 각각 3,000만 원의 채권자이고, 채무자 갑의 부동산에 관하여 을이 강제경매를 신청하였으며 병과 정이 각각 적법하게 배당요구를 하여 집행법원이 매각대금 중 집행비용을 공제한 3,000만 원을 배당하면서 을과 병에게 각각 1,500만 원씩 배당하고 정에게 배당하지 않는 배당표가 작성되었으나 정이 배당이의를 하지 않아도 을, 병, 정은 서로 평등하므로 정은 을과 병에게 각각 500만 원의 부당이득 반환을 청구할 수 있다.

아. 배당이의(配當異議) 소송

1) 위에서 본 바와 같이 채무자 또는 채권자의 배당이의가 정당한지 여부는 배당이의의 소송에서 가려진다. 일반적으로 민사소송에서 원고가 2회 불출석하고 피고가 불출석하거나 출석하더라도 변론하지 아니하고 원고가 1월 내에 기일지정 신청을 하지 않으면 소를 취하한 것으로 본다(민사소송법 제268조). 그러나 배당절차의 조속한 종결을 위하여 원고가 배당이의 소송의 첫 변론기일에 출석하지 않으면 배당이의의 소를 취하한 것으로 본다(민사집행법 제158조). 위 첫 변론기일에 첫 변론준비

---

18 대법원 2007. 2. 9. 선고 2006다39546 판결.

기일은 포함되지 않는다. 따라서 배당이의의 소송에서 첫 변론준비기일에 출석한 원고라고 하더라도 첫 변론기일에 불출석하면 배당이의의 소를 취하한 것으로 본다(대법원 2007. 10. 25. 선고 2007다34876 판결).

2) 판결의 효력은 채권자가 배당이의의 소를 제기한 경우에는 원고와 피고 사이에서만 효력이 미친다. 즉 채권자가 제기하는 배당이의의 소는 대립하는 당사자인 채권자들 사이의 배당액을 둘러싼 분쟁을 해결하는 것이므로, 그 소송의 판결은 원 · 피고로 되어 있는 채권자들 사이에서 상대적으로 배당 부분의 귀속을 변경하는 것이다.

3) 따라서 피고의 채권이 존재하지 않는 것으로 인정되는 경우 원고의 배당액을 정할 때 이의신청을 하지 아니한 다른 채권자의 채권을 참작할 필요가 없다(대법원 2001. 2. 9. 선고 2000다41844 판결). 그리고 배당이의의 상대방의 채권이 존재하지 않아 배당이의를 한 채권자의 채권에 모두 만족되어 나머지가 있을 경우 채무자에게 배당하는 것이 아니라 상대방이 계속 보유한다(대법원 1998. 5. 22. 선고 98다3818 판결).

4) 예를 들어 채무자 A 소유의 x부동산 강제경매에서 집행비용을 공제한 배당할 금액은 5,000만 원인데, 근저당권자 갑, 집행채권자 을, 일반 배당요구 채권자 병이 각각 3,000만 원의 각 채권이 있다고 신고하였고. 이에 따라 집행법원은 우선권이 있는 근저당권자 갑에게 3,000만 원을 우선 배당하고, 을과 병은 동일한 순위이므로 채권액에 안분 비례하여 각 1,000만 원씩을 배당하는 배당표를 작성하였으며, 병은 배당이의를 하지 않고 을이 갑을 상대로 갑의 위 3,000만 원 채권이 존재하지 않는다며 배당이의의 소를 제기하여 법원의 심리 결과 갑의 위 채권은 변제로 소멸되어 전혀 존재하지 않았다면 법원은 병의 채권을 고려할 필요 없이 을에게 배당받지 못한 2,000만 원(신고한 채권 3,000만 원-실제 배당받은 채권 1,000만 원)을 배당하고, 갑의 위 3,000만 원 중 1,000만 원의 채권은 병에게 배당하지 않고, 갑이 그대로 보유한다.

5) 이 경우 배당이의를 하지 않은 병은 적법하게 배당요구를 하였으므로 위에서 본 바와 같이 갑에 대하여 부당이득반환 청구가 가능하고, 배

당이의의 소송에서 승소한 을에 대하여도 부당이득반환을 청구할 수 있다. 이 점에 관하여 위 대법원 2006다39546 판결은 "배당이의소송은 대립하는 당사자 사이의 배당액을 둘러싼 분쟁을 그들 사이에서 상대적으로 해결하는 것에 지나지 아니하여 그 판결의 효력은 오직 그 소송의 당사자에게만 미칠 뿐이므로, 어느 채권자가 배당이의소송에서의 승소확정판결에 기하여 경정된 배당표에 따라 배당을 받은 경우에 있어서도, 그 배당이 배당이의소송에서 패소확정판결을 받은 자 아닌 다른 배당요구채권자가 배당받을 몫까지도 배당받은 결과로 된다면 그 다른 배당요구채권자는 위 법리에 의하여 배당이의소송의 승소확정판결에 따라 배당받은 채권자를 상대로 부당이득반환청구를 할 수 있다"고 판시하였다.

6) 그러므로 갑의 채권이 존재하지 않으므로 을과 병은 5,000만 원을 안분 비례한 2,500만 원씩을 배당받을 수 있었기 때문에 병은 갑에게 최종적으로 배당받은 전액인 1,000만 원, 을이 위 안분 비례액보다 초과하여 배당받은 500만 원(을이 배당받은 3,000만 원-안분 비례한 배당액 2,500만 원)에 대하여 부당이득반환을 청구할 수 있다. 그러면 병은 기존에 배당받은 1,000만 원을 포함하여 2,500만 원의 채권을 만족 받을 수 있다. 갑과 을이 배당금을 수령하지 않았다면 배당금 채권에 대하여 부당이득 반환(채권 양도 의사표시 및 국가에 대한 통지)을 청구하여야 한다. 결론적으로 병은 을과 같은 액수의 채권을 가지나 갑과 을이 자력이 없을 경우에 위 부당이득반환 청구권에 관하여 강제집행할 수 없거나 소멸시효가 완성되어 채권 만족을 받지 못할 수도 있다.

7) 배당이의 소송에서 승소 판결의 형식은 "00지방법원 00타경 00 부동산 강제경매 사건에 관하여 위 법원이 000 작성한 배당표 중 원고에 대한 배당액 000원을 000원으로, 피고에 대한 배당액 000원을 000원으로 각 경정한다"는 형식이다.

8) 위에서 본 바와 같이 채권자가 다른 채권자를 상대로 배당이의 소송을 제기하여 승소 판결이 확정된 경우 위 판결에 따라 당해 채권자에

게 배당하는 것을 재배당이라 한다. 한편 채무자의 배당이의 소송이 인용되거나 가압류채권자의 채권이 존재하지 않는 등 일정한 사유(민사집행법 제161조 참조)가 있는 경우 배당이의를 하지 않은 다른 채권자에게도 배당한다. 이를 추가배당이라 한다. 근저당권자에게 배당이 되었으나 아직 근저당권자가 배당금을 수령하지 않은 경우 다른 채권자가 근저당권설정계약에 대하여 사해행위취소 소송을 하여 승소확정판결이 확정된 경우 근저당권자의 배당은 다른 채권자들에게 추가배당 된다(대법원 2002. 9. 24. 선고 2002다33069 판결).

제2절

담보권(擔保權) 실행(實行)을 위한 부동산 경매

1. 저당권 내지 근저당권의 우선변제권과 경매

가. 편의상 사례를 들어 설명하기로 한다. 갑이 을에게 1억 원을 이자 연 10%, 변제기 1년 후로 정하여 대여하였고, 을은 위 대여금 반환 채무를 담보하기 위하여 갑과의 사이에 을 소유의 x토지에 관하여 근저당권 설정계약을 체결하고 갑에게 위 토지에 대하여 채권최고액 2억 원으로 된 근저당권설정등기를 마쳐 주었다. 그런데 을은 변제기가 지나도 위 대여금을 변제하지 않고 있다. 이 경우 갑은 어떻게 대여금을 변제받을 수 있는지, 을은 어떻게 하여야 경매를 정지 내지 취소시킬 수 있는지 문제가 된다.

나. 이는 저당권과 근저당권에 관한 근본 문제이다. 저당권과 근저당권은 확정 이외에 그 실행 방법은 동일하므로 앞으로 근저당권에 관하여만 설명하기로 한다. 위 사례와 같이 근저당권자 갑은 채무자인 을이 피담보채무를 변제하지 않으면 담보권인 근저당권의 우선변제적 효력에 의하여 일반 채권자에 비하여 우선적으로 변제받을 수 있다. 이와 같은 우선변제권이 근저당권의 핵심이다. 즉 이 점에 관하여 민법 제356조는 "저당권자는 채무자 또는 제삼자가 점유를 이전하지 아니하고 채무

의 담보로 제공한 부동산에 대하여 다른 채권자보다 자기채권의 우선변제를 받을 권리가 있다"고 규정하고 있다. 이와 같은 우선변제권을 실현하기 위해서는 특별한 사정이 없는 한 다음에서 보는 바와 같이 담보권실행을 위한 경매와 타인이 신청한 경매에서 배당을 통하여 변제받는 방법이 있다.

다. 채권자는 근저당권에 기하여 우선변제를 받기 위하여 적극적으로 근저당권에 기하여 목적 부동산에 대한 경매를 신청하여 부동산을 환가하고 그 대가로부터 우선적으로 배당을 받을 수 있다. 이를 근저당권의 실행이라 한다. 그에 따라 민법 第363조는 "저당권자는 그 채권의 변제를 받기 위하여 저당물의 경매를 청구할 수 있다"고 규정하여 근저당권자에게 경매청구권을 부여하고 있다. 이를 담보권실행을 위한 경매라고 하고, 강제경매와 달리 임의경매라고 부르기도 한다.

라. 근저당권 실행은 보통 위와 같이 경매의 신청에 의하여 이루어지나 채권자와 근저당권설정자가 채무자의 피담보채무 변제 지체시 경매에 의하지 않고 피담보채무의 변제에 갈음하여 목적 부동산의 소유권을 근저당권자에게 이전하기로 약정하거나 근저당권자가 이전을 받은 목적물을 타에 처분하여 정산하는 방법 등 이른바 유저당(流抵當)도 있으나 이는 잘 이용되지 않는 것 같다.

마. 또한 근저당권자는 우선변제적 효력을 실현하기 위해서 타인이 신청한 경매에서 우선적으로 배당받을 수도 있다. 경매개시결정 기입등기 이전에 설정된 근저당권자인 경우 별도의 배당요구 없이 배당에 참가하여 우선적으로 배당받고 근저당권은 소멸함은 앞에서 본 바와 같다.

바. 강제경매와 달리 근저당권 실행을 위한 경매에는 집행권원 대신에 담보권의 존재를 증명하는 등기사항증명서를 제출하면 된다. 그 개

시결정의 기재례는 다음과 같다.

0 0 지 방 법 원

결　　정

사　건	2020타경000　부동산임의경매
채 권 자	김갑동
	서울 000
채 무 자	이을남
	서울 000
소 유 자	채무자와 같다

주　　문

별지 기재 부동산에 대하여 경매절차를 개시하고 채권자를 위하여 이를 압류한다.

청 구 금 액

1억 원 및 이에 대하여 2020. 2. 1.부터 다 갚는 날까지 월 1%의 비율로 계산한 이자 및 지연손해금.

이　　유

위 채권에 대한 근저당권의 실행을 위하여 2020. 11. 1. 채권자가 한 신청은 이유 있으므로 주문과 같이 결정한다.

2020. 11. 15.

사법보좌관　000 (인)

2. 근저당권에 기한 경매와 강제경매의 차이

가. 강제경매 규정의 준용

담보권 실행 경매의 절차도 앞에서 본 강제경매 진행 절차와 유사하다. 그러나 그 성격의 차이로 인하여 다음과 같이 차이가 난다.

나. 집행권원과 담보권의 존재

강제경매의 집행력 원천은 앞에서 본 바와 같이 집행력 있는 집행권원이므로 국가는 집행력 있는 집행권원에 의하여 그 강제집행권의 실행으로서 강제경매를 진행한다. 그러나 근저당권에 기한 경매의 집행력 원천은 근저당권의 우선변제권에 기한 경매청구권으로 국가는 근저당권자의 신청에 의하여 근저당권자를 위하여 그 실행을 위한 경매를 진행한다. 즉 근저당권의 경우는 근저당권 자체가 위 집행권원의 역할을 하는 것이고 따로 이행판결 등 집행권원이 필요하지 않다. 이에 관하여 민사집행법 제264조 제1항은 "부동산을 목적으로 하는 담보권을 실행하기 위한 경매신청을 함에는 담보권이 있다는 것을 증명하는 서류를 내야 한다"고 규정하고 있다.

다. 처분금지효(處分禁止效)와 추급효(追及效)

1) 가압류나 강제경매에 의한 압류 이후에 소유자가 변동하면 그 처분금지효에 의하여 그 변동을 무시하고 가압류나 압류 당시의 소유자를 채무자로 하여 경매를 진행하고 매각이 되면 그 이후의 소유권이전등기 등은 말소하게 된다. 그러나 근저당권설정등기 이후에 소유자가 변동되어도 근저당권에 처분금지효가 있는 것은 아니고 변동된 소유자에 대하여 근저당권을 주장할 수 있는 효력인 추급효(追及效)가 있어 새로운 소

유자를 상대로 경매를 신청할 수 있고 매각대금이 납부되어도 위 소유자의 소유권이전등기는 말소되지 않는다. 물론 압류 이후에 변동된 소유권이전등기는 말소된다.

2) 위 사례에서 갑의 근저당권설정등기 이후에 위 부동산에 관하여 을에서 병 앞으로 소유권이전등기가 마쳐져도 갑은 병을 상대로 근저당권 실행을 위한 경매를 신청할 수 있고, 매각대금이 납부되어도 병의 소유권이전등기는 말소되지 않고 병으로부터 매수인에게 소유권이전등기를 한다. 그러나 강제경매인 경우에는 갑은 을을 상대로 강제경매를 신청하고 매각대금이 납부되면 병의 소유권이전등기는 말소되고 을로부터 매수인에게 소유권이전등기를 한다.

라. 공신적(公信的) 효과

1) 강제경매는 앞에서 본 바와 같이 유효한 집행권원이 있는 경우에는 그 실체상 청구권이 당초부터 부존재하거나 경매의 매각시까지 소멸하여도 경매의 효력에 영향이 없다. 그러므로 이러한 실체상 사유는 경매개시결정에 대한 이의 사유가 되지 않는다. 이는 청구이의의 사유이고 그에 따른 집행정지 내지 집행취소 서류의 제출이 없으면 경매는 유효하게 속행한다.

2) 그러나 근저당권 등 담보권실행에 의한 경매는 그 담보권의 우선변제적 효력에 의하여 진행되므로 강제경매와 달리 그 피담보 채무의 부존재 내지 소멸로 담보권이 존재하지 않는 경우에는 경매를 유효하게 진행할 수 없다. 그러므로 경매가 진행되어도 매수인은 소유권을 취득할 수 없다. 그리고 채무자 등은 이러한 실체상 사유를 들어 경매개시결정 이의를 할 수 있다.

3) 그러나 민사집행법은 거래의 안전을 위하여 유효한 근저당권에 기하여 경매개시결정이 내려졌다면 그 이후에 피담보채권이 변제 등으로 소멸하여도 경매개시결정 이의 등으로 매각절차가 취소되지 않은 이상

매수인은 유효하게 소유권을 취득한다(민사집행법 제267조).

4) 따라서 위 사례에서 갑의 경매 신청 이전에 을이 피담보채무를 전부 변제하였음에도 경매가 진행되어 정이 매수인으로 매각대금을 납부하여도 정은 위 토지의 소유권을 취득할 수 없다. 채무자 을이 아래에서 보는 바와 같은 경매정지에 필요한 조치를 하지 않아도 마찬가지로 정은 소유권을 취득할 수 없다. 그러나 경우에 따라 앞에서 설명한 바와 같이 갑이 경매를 저지하지 않은 점이 신의칙 위배로 인하여 정의 소유권이전등기를 말소할 수 없을 수도 있다.

5) 한편 갑의 경매 신청에 따른 경매개시결정 이후에 을이 위 대여금 반환 채무를 변제하여도 매수인 정은 소유권을 취득한다. 그러므로 이를 방지하기 위하여 채무자 을은 매수인 정이 매각대금을 납부하기 이전까지 아래에서 보는 바와 같이 경매를 정지시키거나 피담보채권 소멸을 이유로 경매개시결정에 대한 이의나 매각허가에 대한 이의 내지 즉시항고를 하여 경매개시결정 내지 매각허가결정을 취소시킬 수 있다.

마. 집행 정지 내지 취소 사유

1) 앞에서 본 바와 같이 강제경매의 경우에는 채권자의 채권이 소멸하여도 청구이의의 소에 의하여 집행력이 배제되지 않는 한 강제경매는 유효하게 속행한다. 즉 채무자는 청구이의의 소를 제기하면서 잠정처분을 받아 집행법원에 제출하여 강제경매를 정지시키고, 그 후 청구이의의 소에 관하여 승소확정 판결을 받아 강제경매를 취소시킬 수 있다.

2) 그러나 위에서 본 바와 같이 근저당권에 기한 경매인 경우에는 이러한 집행권원이 없으므로 피담보채무와 별도로 근저당권설정등기의 무효 등 근저당권이 부존재하거나 피담보채무의 부존재 등으로 담보권이 존재하지 않거나 소멸한 경우에는 이러한 사유로 바로 집행정지 내지 집행 취소를 시킬 수 있다. 그러므로 채무자 등은 경매개시결정에 대한 이의, 근저당권말소 등기 청구 소송 내지 피담보채무 부존재 확인 소

송 등을 제기하여 집행 정지 등 잠정처분을 받아 집행법원에 제출하여야 경매를 정지시킬 수 있다. 그리고 위 이의 내지 소송에서 승소확정판결을 받으면 이를 법원에 제출하여 위 경매를 취소시킬 수 있다. 대표적인 정지 내지 취소 서류로 민사집행법 제266조 제1항은 "1. 담보권의 등기가 말소된 등기사항증명서, 2. 담보권 등기를 말소하도록 명한 확정판결의 정본, 3. 담보권이 없거나 소멸되었다는 취지의 확정판결의 정본" 등을 들고 있다. 그 담보권실행의 일시 정지를 명하는 재판의 정본은 정지 사유이다(위 제1항 제5호).

제3절

금전채권에 대한 강제집행

1. 금전채권에 대한 개략적인 강제집행의 진행 과정

1) 편의상 사례를 들어 설명하기로 한다. 즉 갑은 을에 대하여 1억 원의 대여금 채권이 있고, 그 이행을 명하는 확정판결이 있다. 을은 병에 대하여 1억 원의 매매대금 채권이 있다. 을의 다른 재산은 없다. 갑은 을의 병에 대한 위 채권에 대하여 어떻게 강제집행을 할 것인지 문제가 된다.

2) 이 경우 갑은 을의 병에 대한 위 채권에 관하여 압류, 추심명령 또는 전부명령을 발령받아 집행할 수 있다. 추심명령의 경우는 배당절차가 개시될 수 있으나 전부명령의 경우는 배당절차가 없다.

3) 구체적으로 갑은 을에 대한 위 확정판결을 집행권원으로 하여 집행문을 부여받은 다음 을의 병에 대한 위 매매대금 채권을 압류하는 신청을 한다. 이때 갑을 채권자, 을을 채무자, 병을 제3채무자라고 한다. 갑의 을에 대한 채권을 집행채권이라고 하고, 을의 병에 대한 채권을 피압류채권이라 한다. 전부명령이 발령되었을 때 피압류채권을 피전부채권이라고 하기도 한다.

4) 법원이 압류명령을 발령하여 압류명령이 제3채무자 병에게 송달되면 압류의 효력이 발생한다(민사집행법 제227조). 압류명령은 재판장, 수명법관 등이 아닌 법원의 재판이기 때문에 '명령'이라는 명칭에도 불구하

고 재판의 성질은 명령이 아니라 결정이다. 압류의 효력이 발생한 이상 채무자는 피압류채권을 양도, 포기, 변제 수령 등 처분할 수 없다. 그리고 제3채무자도 피압류채권을 변제할 수 없다. 앞에서 본 바와 같이 압류의 처분금지효는 상대효이므로 채무자가 피압류채권을 처분 내지 변제 수령하여도 이를 채권자와 집행절차에 적법하게 참여한 다른 채권자에게 대항할 수 없다. 즉 이러한 처분이 있어도 이는 채권자에 대하여 무효이므로 채권자는 이를 무시하고 추심명령이나 전부명령 등으로 계속 집행절차를 진행할 수 있다. 보통 압류 및 추심명령 내지 전부명령을 병합하여 신청하고 병합하여 결정을 한다. 그 기재례는 다음과 같다.

00지방법원

결 정

사 건	2020타채000 채권압류 및 전부명령
채 권 자	김갑동
	서울 000
채 무 자	이을남
	서울 000
제3채무자	박병삼
	서울 000

주 문

1. 채무자의 제3채무자에 대한 별지목록 기재의 채권을 압류한다.
2. 제3채무자는 채무자에게 위 채권에 관한 지급을 하여서는 아니 된다.
3. 채무자는 위 채권의 처분과 영수를 하여서는 아니 된다.
4. 위 압류된 채권은 지급에 갈음하여 채권자에게 전부한다.

청 구 금 액

1억 원

이 유

채권자는 위 청구금액을 변제받기 위하여 00지방법원 2020. 5. 2. 선고 2020가단1000호 대여금 사건의 집행력 있는 판결 정본에 터잡아 이 사건 신청을 하였고, 이 사건 신청은 정당하므로 주문과 같이 결정한다.

2020. 7. 15.

사법보좌관 000 (인)

5) 압류명령만을 발령할 때에는 위 주문 중 제1 내지 제3항만 기재하고 나중에 전부명령을 발령할 때에는 제4항만 기재한다. 그러나 이러한 압류는 피압류채권의 처분을 막아 피압류채권을 보전하고 국가가 그 처분권을 취득하는 데 목적이 있고, 그 자체로 제3채무자로부터 피압류 채권의 추심 등을 할 수 없다. 그러므로 그 이후에 채권자가 피압류채권에 대한 권리나 권능을 취득하게 하는 현금화 절차가 필요하다. 현금화 절차에는 추심명령 또는 전부명령, 특별환가명령(양도명령. 매각명령 등) 등이 있다(특별환가명령은 자주 발생하는 것이 아니므로 이 책에서는 설명하지 않는다). 압류명령과 마찬가지로 추심명령과 전부명령은 재판의 성질상 결정이다.

6) 압류 신청 채권자는 압류명령이 발령된 이후에 위 추심명령 내지 전부명령의 신청을 할 수도 있지만 위에서 본 바와 같이 압류의 신청과 동시에 병합하여 추심명령, 전부명령 신청을 하고, 법원도 병합하여 압류 및 추심명령, 압류 및 전부명령을 발령하는 경우가 대부분이다. 즉 압류 및 추심명령, 압류 및 전부명령에서 압류와 추심명령 등은 별개의 절차이나 병합하여 신청하고, 법원도 병합하여 발령하는 경우가 많다.

7) 채권 집행에서 채권자, 채무자, 제3채무자 등 3명의 당사자 내지 이해관계인이 등장하는데 채권 집행을 이해하기 위해서는 아래 채권 집행 기본 구조도에 등장하는 채권자와 채무자의 법률관계, 채무자와 제3채무자의 법률관계, 채권자와 제3채무자의 법률관계를 항상 고려하여야 한다. 그리고 채무자로부터 피압류채권을 양도한 다른 채권자가 있을 때는 그 법률관계도 고려하여야 한다.

[채권 집행 기본 구조도]

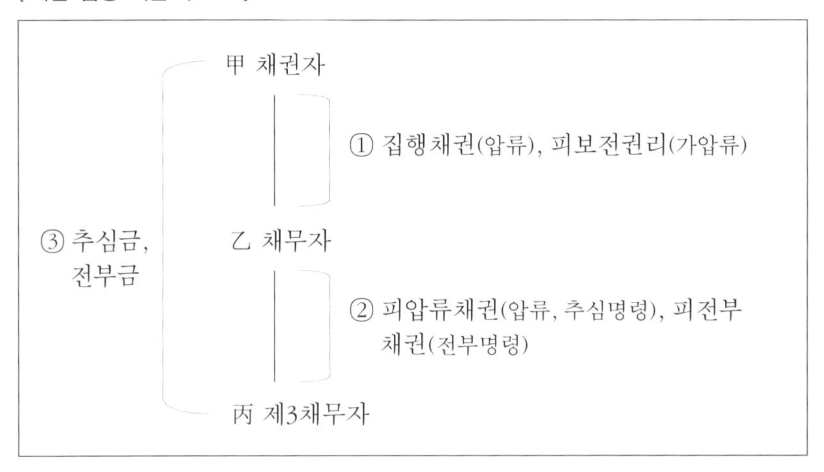

2. 압류 절차와 압류명령의 효력

가. 압류명령의 신청과 압류명령의 발령

1) 집행 채권자는 특별한 사정이 없는 한 집행권원에 집행문을 부여받아 집행 채무자의 제3채무자에 대한 피압류채권에 대하여 압류명령을 신청하여 발령받는다. 추심명령 또는 전부명령을 병합하여 신청하고 발령받는 것이 보통임은 위에서 설명한 바와 같다.

2) 앞에서 본 바와 같이 강제집행 절차의 안정과 신속한 진행을 위하

여 부동산의 경우에는 소유권에 관한 등기, 유체동산의 경우에는 점유를 기준으로 채무자의 책임재산 여부를 판단하여 집행하는데, 채권의 경우에는 그러한 객관적인 공시방법이 없으므로 집행법원은 피압류채권의 존부와 귀속에 대하여 심사하지 않고 제3채무자를 심문하지 않은 채 채권자의 주장에 따라 피압류채권의 존재를 일응 인정하여 압류명령 내지 압류 및 추심명령 또는 압류 및 전부명령을 발령한다(민사집행법 제226조). 그러므로 채권자는 피압류채권의 존재를 입증할 필요가 없다. 피압류채권의 존재 여부는 제3채무자가 이를 인정하지 않으면 추심명령 또는 전부명령 이후에 채권자가 제3채무자를 상대로 추심금, 전부금 등을 청구하는 소송을 제기하여 그 판결에 의하여 최종적으로 가려진다.

3) 부동산의 경우에는 압류를 위해 강제경매개시결정을 채무자에게 송달하고, 등기부에 기입등기를 촉탁하고, 유체동산에 경우에는 집행관이 압류의 표시를 하는데 채권의 경우에는 그러한 집행방법이 없으므로 제3채무자에게 송달하는 방식으로 집행한다. 제3채무자에게 송달되면 압류의 효력이 발생한다. 이 점에 관하여 민사집행법 제227조는 "① 금전채권을 압류할 때에는 법원은 제3채무자에게 채무자에 대한 지급을 금지하고 채무자에게 채권의 처분과 영수를 금지하여야 한다. ② 압류명령은 제3채무자와 채무자에게 송달하여야 한다. ③ 압류명령이 제3채무자에게 송달되면 압류의 효력이 생긴다. ④ 압류명령의 신청에 관한 재판에 대하여는 즉시항고를 할 수 있다."고 규정하고 있다. 채무자에 대한 압류명령의 송달은 압류의 효력과 직접 관계는 없다. 다만 채무자는 압류명령이 송달되어야 그로부터 1주일 이내에 즉시항고를 할 수 있다.

4) 위에서 본 바와 같이 채권의 압류명령에는 부동산 및 유체동산과 달리 채무자에 대한 처분금지 명령 이외에 제3채무자로 하여금 채무자에 대한 지급을 금지하고, 채무자는 제3채무자로부터 위 지급을 수령하는 것을 금지한다는 명령을 발령한다. 채무자가 제3채무자로부터 피압류채권을 추심하는 것도 넓은 의미에서 압류의 처분금지효에서 말하는 '처분'에 해당한다고 볼 수 있으나, 명확히 하는 의미에서 위 지급 금지와

수령 금지를 함께 명하고 있다. 제3채무자에 대한 지급 금지 명령은 압류명령의 본질적 효력에 해당하는 것으로 그 기재가 없으면 압류명령은 무효이다. 제3채무자는 압류 절차에서 집행당사자는 아니므로 집행당사자임을 전제로 하는 승계집행문 등이 부여될 수 없으나 위와 같이 지급금지 의무를 부담하므로 당사자에 준하는 위치에 있다고 할 수 있다.

나. 피압류적격 및 압류금지 채권

1) 피압류채권이 금전 채권이면 예를 들어 소유권이전등기절차 이행의무와 동시이행 관계에 있는 부동산 매매대금 채권 등 반대의무가 부착된 채권, 권리의 특정이 가능하고 가까운 장래에 발생할 가능성이 상당 정도 기대되는 장래 발생할 채권, 임차보증금 반환 채권 등 조건부, 기한부 채권 등도 압류 대상이 된다. 압류 대상이 되므로 추심명령, 전부명령의 대상이 된다. 그러나 다음에서 보는 압류금지채권은 압류할 수 없다. 한편 추심명령권자의 추심 권능이나 채권자가 채권자 대위권에 기하여 제3채무자로부터 변제를 수령할 변제수령권 등의 권능(權能)은 독립적으로 처분하여 환가할 수 없으므로 압류의 대상이 되지 않는다(추심명령권자에 대한 대법원 1998. 12. 13. 선고 88다카3465 판결, 채권자 대위권자에 관한 대법원 2016. 8. 29. 선고 2015다236547 판결). 참고로 권능은 권리의 내용을 이루는 개개 법률상의 힘으로 예컨대 소유권이라는 권리에는 처분, 사용, 수익의 권능이 있다. 그러나 사해행위 취소에서 채권자가 수익자 등에 대하여 가지는 가액배상청구권은 단순히 권능이 아니라 채권이므로 압류의 대상이 된다(대법원 2017. 8. 21. 자 2017마499 결정). 예를 들어 을이 수익자인 병에게 을의 유일한 재산인 x토지를 매도하고 소유권이전등기를 마쳐 주었으나 병이 위 토지에 대하여 이미 마쳐진 근저당권설정등기를 말소하자 을에 대한 금전채권자 갑이 병을 상대로 사해행위 및 원상회복 소송을 제기하여 "을과 병 사이의 위 매매계약을 취소한다. 병은 갑에게 가액배상으로 1억 원을 지급하라"는 판결이 확정된

경우에 사해행위취소의 상대적 효력에 의하여 위 판결의 효력이 을에게 미치지 않아 채권자 대위권과 달리 병은 을에게 위 돈을 지급할 수 없으므로 갑이 병에 대하여 가지는 권리는 단순한 변제수령권이라는 권능이 아니라 독립적으로 양도 내지 압류가 가능한 채권이라고 봄이 타당하다고 본다.

2) 채무자의 보호 등 사회정책적인 필요에서 압류를 금지하는 채권이 있다. 민사집행법 제246조 제1항에서 그러한 채권을 열거하고 있는데 그중 대표적인 것으로 제4호로 "급료 · 연금 · 봉급 · 상여금 · 퇴직연금, 그 밖에 이와 비슷한 성질을 가진 급여채권의 2분의 1에 해당하는 금액. 다만, 그 금액이 국민기초생활보장법에 의한 최저생계비를 고려하여 대통령령이 정하는 금액에 미치지 못하는 경우 또는 표준적인 가구의 생계비를 고려하여 대통령령이 정하는 금액을 초과하는 경우에는 각각 당해 대통령령이 정하는 금액으로 한다", 제5호로 "퇴직금 그 밖에 이와 비슷한 성질을 가진 급여채권의 2분의 1에 해당하는 금액" 등을 들 수 있다. 그리고 근로기준법에 따른 재해보상 청구권 등 특별법에 의하여 압류가 금지된 채권도 많이 있다.

3) 이러한 압류금지 채권에 대한 압류는 강행법규 위반으로 위법하므로 채무자와 제3채무자는 이를 이유로 압류 내지 압류 및 추심명령 내지 전부명령에 대하여 즉시항고를 할 수 있다. 그러나 확정된 이상 즉시항고를 제기할 수 없다. 그러나 실체법상으로 위 즉시항고와 관계없이 압류나 전부명령과 추심명령에 의한 지급 금지. 채권 이전과 추심권의 부여가 무효임을 주장할 수 있다. 그러므로 제3채무자는 압류 등을 무시하고 채무자에게 피압류채권을 변제할 수 있고, 추심명령권자 및 전부명령권자의 피압류채권에 대한 청구를 거절할 수 있다.

다. 압류의 효력

1) 위에서 본 바와 같이 제3채무자에 대한 송달로 압류의 효력이 발생

한다. 추심명령도 마찬가지이다. 다만 전부명령은 뒤에서 설명하는 바와 같이 확정되어야 효력이 발생하나 그 효력은 제3채무자에 대한 송달 시로 소급한다.

2) 압류의 효력이 발생하면 채무자의 피압류채권에 대한 처분과 변제 수령의 효력이 금지된다. 그러나 압류의 처분금지효는 피압류채권 자체의 처분을 금지하는 것이지 피압류채권의 발생원인인 기본적인 법률관계의 소멸을 금지하는 것은 아니다. 즉 임차보증금 채권이나 근로자의 임금 채권을 압류하여도 채무자는 임대차 계약이나 근로계약을 해지할 수 있다. 그리고 압류만 되어 있는 상태에서는 채무자가 제3채무자에 대하여 소멸시효 중단이 필요한 행위를 할 수 있고, 제3채무자를 상대로 이행의 소를 제기하여 압류 해제 조건부가 아닌 단순 전부 승소의 판결을 받을 수 있다. 그러나 그 강제집행은 제한된다(대법원 2002. 4. 26. 선고 2001다59033 판결). 추심명령과 전부명령이 발령되면 뒤에서 보는 바와 같이 결론이 달라진다.

3. 현금화 절차

가. 총 설

1) 앞에서 본 바와 같이 피압류채권을 압류하는 것은 피압류채권의 처분과 변제의 수령 및 변제의 금지를 막기 위함이다. 그러므로 그 후 피압류채권을 추심하여 채권자 등이 변제받는 현금화 절차가 필요하다.

2) 부동산에 대한 경매에서는 부동산을 압류한 다음 국가가 부동산을 입찰 등을 통하여 제3자에게 매각하여 현금화를 하고, 그 후에 배당절차를 거치는데 금전채권은 그 특성상 제3채무자로부터 피압류채권을 지급받아야 최종적으로 현금화가 된다. 그러므로 채권자가 제3채무자로부터 자발적으로 지급받지 못하면 다음에서 보는 같이 제3채무자를 상대로

추심의 소 또는 전부금의 소를 제기하여 집행권원을 얻어 제3채무자의 부동산, 유체동산, 채권 등 책임재산에 대하여 다시 강제집행을 하여야 한다. 최종적으로 제3채무자의 부동산 등을 환가하여야 배당을 통하여 만족을 받을 수 있다. 물론 위에서 본 바와 같이 매각명령을 통하여 곧바로 현금화를 하는 경우도 있으나 이는 매우 제한적이다.

3) 현행 민사집행법이 정하는 현금화 절차에는 채권자에게 추심 권능을 부여하여 제3채무자로부터 직접 피압류채권을 추심하게 하는 추심명령과 집행채권의 변제에 갈음하여 피압류채권을 채권자에게 이전시키는 전부명령이 있다.

나. 추심명령(推尋命令)

1) 의의 및 성질

가) 앞에서 본 바와 같이 압류명령 이후 추심명령을 신청할 수도 있으나 보통 압류 및 추심명령을 병합하여 신청한다. 추심명령의 주문은 “채권자는 채무자의 제3채무자에 대한 별지 기재 압류된 채권을 추심할 수 있다”고 기재한다. 압류와 병합하여 발령할 때는 압류의 주문 다음에 “4. 위 압류된 채권은 채권자가 추심할 수 있다”고 기재한다.

나) 추심명령에 관하여 민사집행법 제229조 제2항은 “추심명령이 있는 때에는 압류채권자는 대위절차 없이 압류채권을 추심할 수 있다”고 규정하고 있다. 그러므로 추심명령은 집행 채권자가 채무자를 대위하지 않고 채무자에 갈음하여 직접 제3채무자에게 피압류채권의 이행을 청구하고 수령할 수 있는 권능을 부여하는 집행법원의 결정이다. 압류로 피압류채권에 대한 처분권을 가진 국가가 직접 추심하지 않고 채권자에게 추심할 권능을 주는 결정이다.

다) 추심명령은 전부명령과 달리 집행에 참가하는 채권자들이 있을 경우 배당을 전제로 하므로 동일한 피압류채권에 관하여 복수의 추심명령이 발령될 수도 있다. 어느 채권자가 제3채무자로부터 피압류채권을

추심한 다음 다른 집행채권자나 배당요구 채권자가 있으면 배당을 거쳐야 한다. 그러나 다른 채권자가 없으면 집행채권자가 단독으로 자신의 채권 변제에 충당한다.

2) 추심명령과 채권자 대위권의 비교

가) 편의상 사례를 들어 설명하기로 한다. 즉 갑이 을에 대한 1억 원의 대여금 채권이 있고, 을은 병에 대하여 1억 원의 매매대금 채권이 있으나 을의 다른 재산은 없다. 이 경우 갑이 을로부터 위 대여금 채권의 만족을 위해서 을이 자발적으로 위 매매대금 채권에 대하여 질권 설정이나 양도담보 등을 하지 않는 이상 갑은 을의 위 매매대금 채권에 대하여 채권자 대위권을 행사하거나 가압류를 하고 집행권원을 얻어 압류 및 추심명령 등 강제집행을 할 수 있다. 참고로 채권자 대위권의 경우에도 압류와 유사하게 채권자, 채무자, 제3채무자의 용어를 사용한다. 다만 압류의 집행채권에 대응하여 피보전채권, 압류의 피압류채권에 대응하여 보통 피대위권리라고 부른다.

나) 먼저 갑이 채권자 대위권을 행사하는 경우에 관하여 살펴본다. 즉 갑은 채무자 을을 대위하여 제3채무자 병에게 위 매매대금을 갑에게 직접 지급하라고 청구할 수 있다. 그러나 이러한 채권자 대위권을 행사하기 위해서는 특별한 사정이 없는 한 채무자 을의 무자력을 필요로 한다. 그리고 무엇보다도 채권자가 대위권 행사를 채무자에게 통지하거나 채무자가 위 대위권 행사사실을 안 경우 민법 제405조에 의하여 채무자가 피대위권리를 처분하지 못한다. 그러나 채무자가 제3채무자로부터 채무의 변제를 받는 것은 위 '처분'에 해당하지 않는다. 즉 채권자 대위권은 채무자가 스스로 권리 행사를 하지 않을 때 채무자의 책임재산에 개입하여 채무자의 권리를 행사하여 책임재산을 보전하는 것으로 채무자가 변제를 받는 것은 책임재산의 보전에 해당하여 채권자 대위권의 목적에 위반되지 않는다. 그러므로 위 사례에서 갑이 을에게 대위권 행사를 통지하여도 병이 을에게 위 매매대금 채권을 변제하는 것은 대위채권자인

갑에게도 유효하여 갑은 그 효력을 부정할 수 없다. 그러나 을이 위 매매대금을 수령하여 소비하거나 은닉하면 갑은 이를 집행할 수 없는 단점이 있다. 이는 갑의 채권자대위 소송에 따라 병이 갑에게 직접 매매대금 채권을 지급하라는 판결이 선고되고 확정되어도 위 매매대금 채권의 귀속은 을에게 있고 갑은 변제수령권만 가지므로 병이 을에게 위 돈을 지급하면 을의 매매대금 채권은 소멸하므로 갑의 변제 수령 권한 역시 소멸한다. 그러므로 병은 갑의 위 확정판결에 대하여 청구이의의 소를 제기하여 구제받을 수 있다.

다) 다음으로 압류 및 추심명령에 관하여 살펴본다. 위 사례에서 갑은 을에 대하여 위 대여금 채권에 관하여 확정판결 등 집행권원을 받은 다음에 위 집행권원과 집행문으로 을의 병에 대한 피압류채권인 매매대금 채권에 대하여 압류 및 추심명령을 발령받는다. 이 경우에는 을의 무자력과 관계없이 갑이 병에 대하여 추심 권능에 의하여 피압류채권인 매매대금 채권에 대한 이행을 청구하고 변제받을 수 있다. 그리고 압류의 지급금지효에 의하여 병이 을에게 위 매매대금을 변제하여도 갑에게 대항할 수 없어, 병은 추심 권능을 행사하는 갑에게 매매대금을 지급하여야 한다. 이 경우 병은 이중지급을 한 것이므로 을에 대하여 부당이득반환을 청구할 수 있다.

라) 요약하건대, 채권자 대위권은 원칙적으로 채무자를 대위하여 채무자의 제3채무자에 대한 금전 채권 등 채권을 변제받아 채무자의 책임재산으로 만든 다음 책임재산에 집행하는 것을 예정하는 것임에 반하여 추심명령은 제3채무자가 채권자 대위권의 피대위 권리에 해당하는 피압류채권을 채무자에게 변제하지 않고 추심권자가 직접 추심하는 점에서 차이가 있다.

마) 한편 채권자 대위권을 행사한 채권자는 피압류채권에 관하여 다른 가압류, 압류 채권자가 없을 경우에 제3채무자로부터 피대위권리에 해당하는 돈을 수령할 수 있고, 수령한 이후에는 이를 채무자에게 반환하여야 하는데 채권자의 피보전채권으로 채무자의 위 반환채권과 상계

하여 우선 변제를 받을 수 있고, 그때 피보전채권이 소멸한다. 채권자가 위와 같이 상계로 우선변제를 받는 경우가 있으나 이는 채권자 대위권의 성격에서 비롯된 것이 아니고 상계의 특성에 기인한 것이다. 그러나 추심권자는 제3채무자로부터 추심한 다음 법원에 신고 내지 공탁하고, 나아가 채권자가 경합할 때에는 배당을 통하여 변제를 받는다.

3) 추심권의 행사 및 추심의 소

가) 앞에서 본 바와 같이 추심명령을 받은 추심채권자는 자기의 이름으로 추심에 필요한 범위 내에서 채무자의 재판상, 재판외의 청구를 할 수 있다. 그리고 복수의 추심명령 등이 있는 경우에도 각 추심권자는 피압류채권 전부를 추심할 수 있고, 제3채무자도 추심채권자 1인에게 피압류채권을 변제하면 다른 채권자들에게도 그 효력이 미친다. 제3채무자는 위 변제 대신에 집행공탁(민사집행법 제248조)을 통하여 그 책임을 면할 수 있다.

나) 추심채권자는 재판 외에서 제3채무자로부터 피압류채권의 변제를 받을 수 있고, 피압류채권에 저당권 등 담보물권이 설정되어 있는 경우에는 추심채권자 이름으로 경매 신청 등 담보권을 실행할 수 있다. 그러나 피압류채권은 채무자에게 귀속하므로 추심채권자가 피압류채권을 포기하거나 기한 유예 등을 할 수는 없다.

다) 추심채권자는 제3채무자를 상대로 피압류채권의 이행을 구하는 소 등을 제기할 수 있다(민사집행법 제238조). 이를 추심의 소라고 하는데 그 성격에 대하여 학설은 대립하나 제3자소송 담당으로 채권자대위 소송과 같은 병행형이 아니라 파산관재인의 파산재단에 관한 소송과 같은 갈음형이고, 추심소송 판결의 기판력은 채무자에게도 미친다는 것이 다수설의 입장으로 보인다. 이 경우의 청구취지는 "피고(제3채무자)는 원고(추심권자)에게 000원을 지급하라"는 형식이다.

라) 한편 채권에 대한 압류 및 추심명령이 있으면 제3채무자에 대한 이행의 소는 추심채권자만이 제기할 수 있고 채무자는 피압류채권에 대

한 이행소송을 제기할 당사자적격을 상실한다(대법원 2000. 4. 11. 선고 99다23888 판결). 이는 추심명령이 있으면 추심 권능이 채권자에게 있는데 채무자가 제3채무자를 상대로 이행의 소를 제기하여 패소하면 그 기판력에 의하여 추심채권자의 권리를 침해할 염려가 있기 때문에 이를 방지하기 위한 측면이 강하다고 생각한다. 그러므로 피압류채권에 대하여 추심명령이 발령된 사실을 모르고 채무자가 제3채무자를 상대로 소송을 제기하여 패소판결을 받았다 하더라도 위 판결의 기판력은 당사자적격이 있는 추심채권자에게 미치지 않으므로 추심채권자는 위 판결과 관계없이 제3채무자를 상대로 추심의 소를 제기할 수 있다고 본다. 그러나 추심명령이 취소되는 등으로 추심권이 소멸하면 채무자는 당사자적격을 회복한다.

마) 예를 들어 채권자 갑이 채무자 을에 대한 집행권원으로 제3채무자 병에 대한 1억 원의 매매대금 채권에 관하여 압류 및 추심명령을 발령받아 병에게 송달되어 효력이 발생한 이후 을이 병에 대하여 이행소송을 제기한 것과 같이 추심명령의 효력이 발생한 이후에 채무자가 제3채무자에 대하여 피압류채권에 대한 이행소송을 제기한 경우 채무자의 위 소송은 위에서 본 바와 같이 채무자에게 당사자적격이 없어 각하된다. 한편 '소송이 법원에 계속되어 있는 동안에 제3자가 소송목적인 권리 또는 의무의 전부나 일부를 승계'한 때 민사소송법 제81조의 승계참가나 제82조의 승계인수를 할 수 있는데 위 사례와 같이 먼저 추심명령의 효력이 발생한 이후에 채무자가 제3채무자를 상대로 피압류채권에 관한 이행소송을 제기한 것은 소송 계속 중 승계가 아니므로 추심채권자가 승계참가를 할 수 없다. 그 대신 추심채권자가 독립당사자 참가를 할 수 있다는 주장이 유력하다.

바) 그러나 이와 달리 을이 병에 대하여 위 1억 원에 대한 이행소송을 제기하여 그 소장이 병에게 송달되어 소송 계속 이후에 갑의 위 추심명령의 효력이 발생한 경우와 같이 채무자의 제3채무자에 대한 피압류채권에 관한 소송 계속 이후에 추심명령의 효력이 발생하면 추심채권자는

채무자의 위 소송에 승계참가 및 승계인수를 할 수 있다. 이는 추심명령으로 피압류채권이 추심채권자에게 이전하지는 않지만 피압류채권의 소송에 대한 당사자적격이 채무자로부터 추심채권자에게 이전되기 때문이다. 한편 이 경우에 추심명령이 있으면 채무자의 제3채무자에 대한 소송은 각하되므로 추심채권자는 승계참가 대신에 따로 추심 소송을 제기하여도 중복소송이 아니라는 것이 대법원 판례이다(대법원 2013. 12. 18. 선고 2013다202120 전원합의체 판결). 이에 대하여는 반대 의견도 유력하다. 그리고 을의 병에 대한 이행소송의 소장이 법원에 접수한 이후로서 그 소장이 병에게 송달되기 이전에 갑의 추심명령의 효력이 발생한 경우에 갑이 을의 위 소송에 승계참가 내지 승계인수를 할 수 있는지에 대하여 확립된 학설과 대법원판례는 없는 것 같다.

사) 한편 이미 채무자 을이 제3채무자 병에 대하여 피압류채권에 관한 확정판결 등 집행권원을 가지고 있으면 그 후에 추심명령을 발령받아 효력이 발생한 추심채권자 갑은 채무자 을의 집행 당사자적격을 승계하였으므로 승계집행문을 부여받아 제3채무자 병에게 집행할 수 있다. 즉 갑은 을의 병에 대한 집행권원에 대하여 승계집행문을 부여받아 병의 부동산에 대한 강제경매나 병의 무에 대한 채권에 대하여 압류 및 추심명령 내지 전부명령을 발령받아 집행할 수 있다. 물론 이러한 집행을 통하여 갑이 채권을 추심하면 다음에서 보는 바와 같이 법원에 추심 신고를 하고, 경우에 따라 위 추심한 금액을 공탁하고 사유신고를 한 다음 배당을 통하여 변제를 받는다.

아) 반면에 추심의 소에서 집행채권이 변제 등으로 존재하지 않아도 이는 채무자가 청구이의의 소 등으로 주장할 사항이지 제3채무자가 주장할 사항이 아니다. 만약 추심채권자의 집행권원의 집행력이 청구이의의 소 등으로 소멸한 경우에는 추심채권자는 추심소송을 제기할 당사자적격이 없으므로 그 추심의 소는 각하된다.

자) 추심의 소에서 추심채권자가 승소하여 제3채무자가 추심채권자에게 피압류채권을 지급하라는 판결이 선고되어 확정되었음에도 제3채

무자가 추심채권자에게 스스로 피압류채권을 지급하지 않으면 추심채권자는 제3채무자를 상대로 위 판결을 집행권원으로 하여 제3채무자의 부동산이나 채권에 대하여 강제집행을 할 수 있다.

4) 추심 이후의 절차

가) 제3채무자가 추심채권자에게 스스로 피압류채권을 지급하거나 추심채권자가 강제집행을 통하여 피압류채권을 추심하면 그 추심한 범위 내에서 피압류채권은 소멸한다. 위에서 본 바와 같이 추심명령이 경합된 경우에도 피압류채권은 마찬가지로 소멸한다. 이 점에 관하여 대법원[19]은 "압류경합의 경우에는, 추심명령을 받아 채권을 추심하는 채권자는 집행법원의 수권에 따라 일종의 추심기관으로서 압류나 배당에 참가한 모든 채권자를 위하여 제3채무자로부터 추심을 하는 것이므로 제3채무자로서도 정당한 추심권자에게 변제하면 그 효력은 압류경합 관계에 있는 모든 채권자에게 미치고, 또한 제3채무자가 집행공탁을 하거나 상계 기타의 사유로 압류채권을 소멸시키면 그 효력도 압류경합 관계에 있는 모든 채권자에게 미친다"고 판시하였다.

나) 추심채권자의 추심으로 피압류채권은 그 범위 내에서 변제로 소멸하므로 그 이후에는 다른 채권자의 압류는 존재하지 않은 채권에 대한 압류로 무효이다. 예를 들어 을의 채권자 갑이 을의 병에 대한 매매대금 채권 1억 원에 대하여 압류 및 추심명령을 발령받아 병에게 송달되었고 갑이 병으로부터 위 1억 원을 추심하면 을의 병에 대한 위 매매대금 채권은 소멸하므로 그 이후 을의 다른 채권자 정은 을의 병에 대한 위 매매대금 채권에 관하여 압류할 수 없다. 정은 갑의 추심 신고 이전에 배당요구를 하여야 배당에 참가할 수 있다. 또한 추심명령은 평등배당을 전제로 하는 것이므로 추심채권자는 추심한 채권액을 집행법원에 신고하여야 한다(민사집행법 제236조 제1항). 그리고 집행 채무자에 대한 다

19 대법원 2003. 5. 30. 선고 2001다10748 판결.

른 채권자는 위 신고 이전까지 배당요구를 할 수 있다(민사집행법 제247조 제1항 제3호). 그러므로 추심채권자는 위 배당요구를 피하기 위하여 빨리 위 신고를 할 필요가 있다. 위 신고 시까지 다른 채권자들이 없으면 추심한 피압류채권은 집행채권의 변제에 충당된다. 이 경우 집행채권 역시 피압류채권 추심 시에 소멸한다고 본다.

다) 추심 신고 전에 다른 압류·가압류 또는 배당요구가 있었을 때에는 추심채권자는 추심한 금액을 바로 공탁하고 그 사유를 신고하여야 한다(민사집행법 제236조 제2항). 그 이후에는 배당절차를 거쳐 배당받은 범위 내에서 채권자의 집행채권은 소멸한다. 배당받지 못한 부분은 채무자의 다른 재산에 강제집행할 수 있다.

다. 전부명령(轉付命令)

1) 의의 및 성질 등

가) 편의상 사례를 들어 설명하기로 한다. 즉 갑이 을에 대하여 1억 원의 대여금 채권이 있고 을은 갑에게 위 1억 원을 지급하라는 판결이 선고되어 그대로 확정되었다. 한편 을은 병에 대하여 1억 원의 매매대금 채권이 있다. 을의 다른 재산은 없으나 병의 자력은 충분하다. 이 사례에서 을이 갑에게 협조를 하면 을은 지급의 방법으로 갑에게 병에 대한 위 채권을 양도하거나, 담보를 위하여 위 채권을 양도하거나, 대물변제로 위 채권을 양도할 수 있다. 또는 을은 갑에게 병에 대한 위 채권에 관하여 질권을 설정할 수도 있다.

나) 그러나 을이 이러한 협조를 하지 않으면 갑은 을의 위 채권에 대하여 강제집행할 수밖에 없다. 이 경우 갑은 어떤 집행 방법을 선택하는 것이 유리한지 문제가 된다. 먼저 갑이 압류 및 추심명령을 발령받아 효력이 발생하면 갑은 위에서 본 바와 같이 병으로부터 위 매매대금 채권을 추심할 수 있다. 그러나 다른 채권자들이 강제집행에 적법하게 참여하면 평등배당을 하므로 갑이 독점적으로 만족을 받지 못하는 단점이

있으나 제3채무자 병이 무자력인 경우 갑은 을을 상대로 다시 집행할 수 있는 장점이 있다. 물론 다른 채권자들이 없으면 갑은 독점적으로 만족을 받는다.

다) 그러나 전부명령은 집행채권의 변제에 갈음하여 피압류채권을 채권자에게 이전시키는 집행법원의 결정이다. 민사집행법 제229조 제3항은 "전부명령이 있는 때에는 압류된 채권은 지급에 갈음하여 압류채권자에게 이전된다"고 규정하고 있다. 위 사례에서 갑이 압류 및 전부명령을 발령받아 전부명령이 확정되면 피압류채권인 을의 병에 대한 1억 원의 채권이 전부명령 채권자인 갑에게 이전하고, 갑의 을에 대한 집행채권은 대등액에서 소멸한다. 따라서 병의 자력이 충분하면 다른 채권자들이 있어도 피압류채권을 독점적으로 만족받는다. 그러나 병이 무자력으로 갑이 병으로부터 위 전부된 채권을 변제받지 못하여도 위에서 본 바와 같이 전부명령 확정으로 갑의 을에 대한 집행채권이 소멸하였으므로 갑은 을에 대하여 다시 강제집행할 수 없다. 이와 같이 제3채무자의 무자력 위험을 채권자가 감수하므로 제3채무자가 국가나 공공단체, 기타 자력이 확실한 단체나 개인을 제외하고는 전부명령을 신청하는 데 신중하여야 한다.

라) 결국 전부명령은 집행채권의 변제에 갈음한 대물변제에 의한 채권양도와 유사하다. 위에서 본 바와 같이 추심명령과 전부명령은 서로 장단점이 있고 가장 안전한 방법은 양도담보나 변제를 위하여 피압류채권을 이전하는 방법인데 현행 민사집행법상 이러한 목적을 달성하는 강제집행 방법은 규정되어 있지 않다.

마) 앞에서 본 바와 같이 압류명령 이후 전부명령을 신청할 수도 있으나 보통 압류 및 전부명령을 병합하여 신청한다.

2) 전부명령의 요건

가) 압류와 마찬가지로 피압류채권이 장래의 채권이나 조건부, 기한부 채권 등도 전부명령의 대상이 된다. 다만 피압류채권이 금전 채권이

고 이 채권이 일정액, 즉 권면액(券面額)을 가져야 하는데 임차보증금 반환 채권 등 장차 반환할 액수가 정확하게 특정되지 않은 불확정 채권도 권면액을 가지는 것으로 전부명령의 대상이 된다.

나) 성질상이나 법률상 양도할 수 없는 채권은 전부명령으로 이전할 수 없으므로 전부명령의 대상이 되지 않는다. 압류금지 채권과는 달리 채권자와 채무자가 양도금지 특약을 한 경우 채권 양수인이 위 양도금지 특약에 대하여 알았거나 모르는 데 대하여 중대한 과실이 있어도 압류 및 전부명령의 대상이 된다(대법원 2002. 8. 27. 선고 2001다71699 판결). 이는 압류금지 채권은 위에서 본 바와 같이 법률에 의하여 엄격히 규정하고 있는데 개인적인 양도금지 특약만으로 압류금지 채권을 만들 수 없기 때문이라고 해석되고 있다.

다) 그리고 전부명령이 제3채무자에 대하여 송달될 때 압류가 경합되거나 배당요구가 있으면 평등주의 원칙에 따라 독점적인 만족을 받는 전부명령이 허용될 수 없다(민사집행법 제229조 제5항). 이러한 압류의 경합은 따로 자세히 보기로 하다.

3) 전부명령의 확정

가) 위에서 본 바와 같이 추심명령은 확정되지 않아도 제3채무자에게 송달되면 효력이 발생하여 추심채권자가 추심 권능을 행사할 수 있다. 그러나 전부명령의 경우에는 제3채무자 및 채무자에게 각각 송달되어 즉시항고가 없거나 즉시항고가 있어도 그에 대한 기각 또는 각하의 결정으로 전부명령이 확정되어야 효력이 발생한다(민사집행법 제229조 제7항).

나) 그러므로 채무자가 집행채권을 변제한 경우 추심명령의 경우에는 청구이의의 소를 제기하면서 강제집행 일시 정지의 잠정처분을 받아 집행법원에 제출하면 집행법원은 채권자와 제3채무자에게 추심의 일시 정지를 통지한다(민사집행규칙 제161조 제1항). 그러나 전부명령의 경우에는 채무자가 위 잠정처분을 받아도 즉시항고를 저지할 수 없으므로 채무자

는 즉시항고 기간인 송달일로부터 1주일 이내에 즉시항고를 제기하여 확정을 저지하여야 한다.

다) 채무자의 즉시항고 이유가 청구이의의 소와 일시 정지인 잠정처분임을 밝히면 항고법원은 다른 이유로 전부명령을 취소하는 경우 이외에는 재판을 보류하고 청구이의의 소 판결 결과에 따라 전부명령을 취소하거나 채무자의 즉시항고를 기각한다(민사집행법 제229조 제8항).

4) 전부명령의 효력

가) 전부명령이 확정되면 피압류채권은 전부명령이 제3채무자에게 송달된 때에 소급하여 집행채권의 범위 안에서 당연히 전부채권자에게 이전하고 동시에 집행채권 소멸의 효력이 발생한다(민사집행법 제231조, 제229조 제3항). 추심명령의 경우와 마찬가지로 갑의 집행채권이 소멸하여도 채무자의 청구이의의 소 판결이나 즉시항고 없이는 전부명령의 효력에 영향이 없다. 그러므로 추심명령과 마찬가지로 제3채무자는 집행채권의 소멸을 이유로 전부채권자의 전부금 청구의 이행을 거절할 수 없다.

나) 그러므로 위 사례와 같이 갑의 집행채권이 1억 원이고 을의 병에 대한 피압류채권이 1억 원이라면 전부명령이 확정되면 을의 병에 대한 채권은 갑에게 이전한다. 이를 전부명령의 권리이전효(權利移轉效)라고 한다. 한편 갑의 을에 대한 위 집행채권은 소멸한다. 이를 변제효(辨濟效)라고 한다. 만약에 을의 병에 대한 피압류채권이 1억 5,000만 원이면 대등액인 1억 원 범위 내에서 전부명령을 발령하고 전부명령 확정으로 을의 채권 중 1억 원의 채권이 갑에게 이전한다. 소멸하는 집행채권과 이전하는 피압류채권의 액수는 동일하여야 하기 때문이다. 이러한 권리이전효와 변제효는 모두 제3채무자에게 송달된 때에 소급한다. 이를 소급효(遡及效)라고 한다. 위에서 본 바와 같이 전부명령에서 압류경합 여부는 제3채무자에 대한 송달 시를 기준으로 하는데 이는 만약 전부명령 확정 시를 기준으로 하면 다른 채권자들이 쉽게 압류를 하거나 배당요구

를 하여 경합될 수 있으므로 위 송달 시를 기준으로 하여 다른 채권자들의 압류경합을 막을 필요가 있기 때문이다. 그와 균형으로 전부명령의 효력 역시 소급효를 인정한 것이다.

다) 위 권리이전효에 의하여 을의 병에 대한 채권은 갑에게 이전되었으므로 을은 병에 대하여 청구할 수 없고, 그 후 을에 대한 다른 채권자 정도 갑에게 이전하여 존재하지 않은 을의 병에 대한 채권에 대하여 강제집행을 할 수 없다. 그리고 위 변제효에 의하여 갑의 을에 대한 채권이 소멸하여 그 이후 전부채권자 갑이 병에 대하여 위 매매대금 채권의 이행을 청구하였으나 병의 무자력으로 변제받지 못하여도 갑이 을에 대하여 다시 강제집행할 수 없음은 앞에서 본 바와 같다. 그러나 채무자 을의 제3채무자 병에 대한 채권이 존재하지 않을 때에는 위 권리이전효가 없으므로 갑의 채권에 대한 변제효도 없어(민사집행법 제231조 단서) 갑은 을에 대하여 다시 집행문을 얻어 강제집행할 수 있다.

라) 만약 집행채권이 변제 등으로 소멸하였거나 기판력이 없는 집행권원인 집행증서나 확정된 지급명령 등에서 집행채권이 통정허위표시 등에 의하여 발생하지 않은 경우에 채무자가 즉시항고를 제기하지 않아 전부명령이 확정되면 위 권리이전효, 변제효, 소급효는 발생하나 집행이 종료하여 채무자는 더이상 청구이의의 소를 제기할 수 없다. 그러나 집행채권자 갑은 실체법상 을에 대한 채권이 없음에도 불구하고 피압류채권, 즉 을의 병에 대한 채권을 이전받는 이득을 취득하였고 을은 이로 인하여 병에 대한 채권을 상실하는 손해를 입은 것이므로 갑이 병으로부터 위 피압류채권을 직접 변제받았으면 을에게 부당이득반환으로 위 변제받은 돈을 반환하여야 하고, 갑이 병으로부터 변제받지 않았으면 갑은 병에 대한 위 피압류채권을 을에게 부당이득반환으로 양도하고 병에게 양도 통지를 하여야 한다.

마) 위에서 본 바와 같이 전부명령이 확정되면 그 집행절차는 종료되고. 추심명령과 같은 배당절차가 없다. 그러므로 그 이후에는 집행의 정지, 취소 등이 인정되지 않고, 집행채권자와 제3채무자 사이의 실체법상

권리 의무 관계만 남는다. 그러므로 집행채권자는 제3채무자로부터 이 전받은 피압류채권을 자유롭게 양도나 담보제공 등 처분을 할 수 있고, 제3채무자에 대하여 전부금의 지급을 구하는 소송을 제기하여 집행권원을 얻어 제3채무자의 책임재산에 대하여 강제집행할 수 있다. 채무자가 제3채무자를 상대로 이행소송을 제기하였다면 추심명령의 경우와 같이 전부채권자도 승계참가 등을 할 수 있다.

바) 그러나 추심명령이 확정되어도 채권자가 위 추심신고를 하고 배당이 종료되기 이전까지는 집행이 종료되지 않았으므로 위와 같은 통정 허위표시의 경우에 청구이의의 소를 제기할 수 있고, 집행의 정지, 취소 등도 가능하다.

4. 압류와 추심명령, 전부명령의 쟁점

가. 압류 등의 효력 범위

1) 예를 들어 채권자 갑의 채무자 을에 대한 집행채권이 5,000만 원이고, 채무자 을의 제3채무자 병에 대한 피압류채권이 1억 원이면 갑은 을의 병에 대한 1억 원 채권 전부를 압류할 수 있다. 압류의 범위에 특별한 정함이 없으면 피압류채권 1억 원 전액에 미친다. 다른 채권자가 가압류, 압류 내지 배당요구로 압류에 참여할 수 있으므로 배당을 위하여 전부를 압류할 필요가 있다. 그러나 보통은 집행채권의 범위 내에서 압류하는 경우가 많다. 그러나 피압류채권이 5,000만 원씩 2개의 다른 채권이면 위 각 채권을 모두 압류하는 것은 초과압류(민사집행법 제188조)로 허용되지 않는다. 한편 추심명령의 경우에는 압류 범위 내에서 발령할 수 있으나 전부명령의 경우는 앞에서 본 바와 같이 집행채권과 피압류채권의 액수는 동일하여야 하므로 위 피압류채권 중 5,000만 원에 대하여 압류, 전부명령을 발령받을 수 있다.

2) 또한 압류의 효력은 피압류채권의 종된 권리에도 미치므로 을의 병에 대한 1억 원의 채권을 압류하여도 병에 대한 송달 이후에 발생하는 이자, 지연손해금에도 압류의 효력이 미친다(대법원 2015. 5. 28. 선고 2013다1587 판결). 예를 들어 을의 병에 대한 피압류채권이 대여금 채권으로, 을이 2019. 1. 1. 1억 원을 이자 월 1%, 변제기 2019. 12. 31.로 정하여 대여하였고 갑이 2020. 3. 28. 을의 병에 대한 위 대여금 원리금 채권 중 원금 1억 원의 채권에 대하여 압류 및 추심명령을 발령받아 위 명령이 2020. 3. 31. 병에게 송달되었다면 위 압류 및 추심명령의 효력은 원금 1억 원 및 위 송달 다음날인 2020. 4. 1.부터의 위 약정 이율상당의 월 1%의 비율에 의한 지연손해금 채권에 미친다. 그 이전의 이자, 지연손해금 채권도 압류할 수 있으나 이를 압류하지 않았으므로 압류의 효력이 미치지 않는다. 그러므로 갑은 그 후인 2020. 12. 1. 병에 대하여 병은 갑에게 1억 원 및 이에 대하여 2020. 4. 1.부터 다 갚는 날까지 월 1%의 비율에 의한 돈을 지급하라는 추심금 소송을 제기하여 전부 승소할 수 있다. 주채무를 압류하면 보증인에 대한 채권도 종된 권리로 압류된다.

3) 또한 지연손해금에 대한 이행 지체에 대하여도 지연손해금을 청구할 수 있으므로 위 경우에 갑이 병에게 따로 이행 청구를 하지 않고 2020. 12. 1. 위 소송을 제기하였으면 2020. 4. 1.부터 2020. 11. 30.까지 발생한 지연손해금 800만 원(1억 원x0.01x8개월)에 대한 지연손해금도 청구할 수 있으므로 병은 갑에게 1억 800만 원 및 이에 대하여 소장 송달 다음날부터 다 갚는 날까지 연 12%의 비율에 의한 돈을 지급하라는 추심소송을 제기하여 전부 승소할 수 있다(1억 원에 대한 2020. 12. 1.부터 소장 송달일까지 1억 원에 대한 지연손해금도 청구 가능하나 간략한 청구를 위하여 기재하지 않았다. 한편 대법원 2012. 10. 25. 선고 2010다47117 판결은 "추심명령은 압류채권자에게 채무자의 제3채무자에 대한 채권을 추심할 권능을 수여함에 그치고, 제3채무자로 하여금 압류채권자에게 압류된 채권액 상당을 지급할 것을 명하거나 그 지급 기한을 정하는 것이 아니므로, 제3채무자가 압류채권자에게 압류된 채권액 상

당에 관하여 지체책임을 지는 것은 집행법원으로부터 추심명령을 송달받은 때부터가 아니라 추심명령이 발령된 후 압류채권자로부터 추심금 청구를 받은 다음날부터라고 하여야 한다"고 판시하였으나 위 판결은 예금 채권을 둘러싼 사례이므로 추심명령 송달 시에 피압류채권에 대한 지연손해금이 발생하지 않았고, 추심명령 송달만으로 피압류채권에 관하여 이행지체에 빠지지 않으므로 위 소장 송달 등 이행 청구를 받은 다음날부터 제3채무자는 이행지체에 따른 지연손해금을 지급하여야 한다는 취지로 이해된다).

4) 압류 및 전부명령의 경우에는 제3채무자에 대한 송달시에 피압류채권이 이전하므로 위 사례에서 압류 및 전부명령이라면 원금 1억 원 및 이에 대하여 위 송달일인 2020. 3. 31.부터의 위 약정 이율에 해당하는 월 1%의 비율에 의한 지연손해금 채권이 갑에게 이전한다. 갑은 그 채권자로서 병에게 그 이행을 청구할 수 있다. 추심명령의 경우와 비슷하다.

5) 또한 을이 병에 대한 위 채권을 담보하기 위하여 근저당권을 설정하였다면 위 근저당권에도 압류의 효력이 미친다. 그러므로 그 후 추심명령, 전부명령을 발령받아 근저당권에 기한 경매 등을 신청할 수 있다.

나. 압류의 경합(競合)과 전부명령 등

1) 압류경합의 요건 및 효과

가) 위에서 본 바와 같이 전부명령은 추심명령과 달리 독점적으로 채권의 이전을 받는 것이므로 전부명령이 제3채무자에게 송달될 때까지 다른 채권자가 배당요구를 하거나, 가압류 내지 압류를 하여 압류경합이 되면 전부명령은 허용되지 않는다. 여기서 압류경합은 위에서 본 바와 같이 복수의 채권자가 피압류채권을 압류하였는데 압류한 것을 합한 금액이 피압류채권을 초과하는 것을 말한다. 위와 같은 압류경합은 배당을 전제로 한 것인데 전부명령은 배당을 전제로 하지 않은 집행이므로 압류경합 시에는 전부명령은 발령되어도 무효이다.

나) 예들 들어 설명하기로 한다. 즉 갑이 을에 대하여 5,000만 원의 대

여금 채권이 있고 그 이행을 명하는 집행권원이 있으며, 을은 병에 대하여 1억 원의 매매대금 채권이 있는 경우에 갑이 5,000만 원의 채권을 집행채권으로 을의 병에 대한 1억 원의 채권 중 5,000만 원의 채권에 대하여 압류명령을 발령받아 병에게 송달된 이후, 을에 대하여 6,000만 원의 손해배상 채권이 있고, 그 이행을 명하는 확정판결 등 집행권원을 가진 정이 6,000만 원의 채권을 집행채권으로 하여 을의 병에 대한 위 피압류채권 중 6,000만 원의 채권에 대하여 압류명령을 발령 받은 경우 갑과 정이 각 압류한 피압류 채권의 합계가 1억 1,000만(5,000만+6,000만) 원으로 피압류채권 1억 원을 초과하므로 압류가 경합한다. 이는 정이 집행권원이 없어 위 압류명령 대신 가압류를 하여도 압류가 경합한다.

다) 이와 같은 압류경합의 효과에 관하여 갑과 정의 압류 합계인 1억 1천만 원 중 피압류채권 1억 원을 초과한 1천만 원의 범위 내에서만 압류경합이므로 나머지 갑의 채권 4,000만 원(5,000만 원-1,000만 원)과 나머지 을의 채권 5,000만 원(6,000만 원-1,000만 원)은 압류경합이 아니어서 갑은 4,000만 원 범위 내에서 정은 5,000만 원 범위 내에서 각 유효하게 전부명령을 발령받을 수 있으며 초과한 1천만 원은 갑과 정에게 채권 액수에 따라 안분 비례하여야 한다고 주장하는 학설도 있고, 이는 압류경합이 2명인 경우에는 합리적이라고 볼 수도 있다. 그러나 압류경합자가 3명 이상인 경우 위 학설을 적용하기 어렵고 압류경합자의 수에 따라 압류경합의 범위를 달리 적용하기 어려운 점 등이 있어 민사집행법은 압류경합의 범위 내지 효과에 관하여 입법으로 해결하였다. 즉 민사집행법 제235조는 "① 채권 일부가 압류된 뒤에 그 나머지 부분을 초과하여 다시 압류명령이 내려진 때에는 각 압류의 효력은 그 채권 전부에 미친다. ② 채권 전부가 압류된 뒤에 그 채권 일부에 대하여 다시 압류명령이 내려진 때 그 압류의 효력도 제1항과 같다."고 규정하고 있다. 이를 압류효의 확장이라 한다. 압류의 경합은 위에서 본 바와 같이 평등배당을 전제로 하므로 이와 같이 입법한 것으로 보인다. 그러므로 갑과 정의 위 각 압류는 피압류채권 1억 원 전체에 미친다. 따라서 갑과 정은 전부

명령을 발령받을 수 없다. 정이 6,000만 원의 피압류채권에 대한 압류명령 이후에 따로 전부명령을 발령받은 경우나 6,000만 원의 피압류채권에 대하여 압류 및 전부명령을 동시에 발령받은 경우에도 위 각 전부명령은 압류경합 상태에서 발령되어 전부 무효이다.

라) 그러므로 압류경합으로 전부명령이 무효인 경우 집행채권의 소멸과 피압류채권의 이전의 효과가 일어나지 않는다. 따라서 병은 정의 전부금 청구를 거절할 수 있다. 다만 정의 압류는 유효하므로 정은 다시 추심명령을 신청하거나 병의 공탁 등에 의한 배당 절차에 참가할 수 있다. 또한 압류는 유효하므로 정의 을에 대한 집행채권의 소멸시효는 위 압류로 중단된다.

마) 한편 압류경합인 경우 전부명령은 유효하게 발령받을 수 없으나 위 사례에서 갑과 정은 피압류채권 1억 원 전체에 대하여 추심명령을 발령받아 1억 원을 추심할 수 있다. 그리고 갑이 5,000만 원에 대하여 단순압류가 아닌 압류 및 추심명령을 발령받았어도 정의 위 압류로 인하여 압류경합이 되어 1억 원 전체에 대하여 추심할 수 있다. 결국 갑 또는 정이 1억 원을 추심하거나 병이 1억 원을 집행공탁한 경우에 갑과 정은 집행채권 액수인 5:6의 비율로 배당받는다.

2) 압류경합과 전부명령

가) 위 사례에서 정의 압류 및 전부명령의 금액이 6,000만 원이 아니라 5,000만 원 또는 그 이하이면 갑과 정의 각 압류가 피압류채권 1억 원을 초과하지 않아 압류경합이 아니므로 정의 전부명령은 유효하다. 예를 들어 정의 집행채권이 4,000만 원이면 압류경합이 아니어서 을의 병에 대한 위 피압류채권 1억 원 중 4,000만 원의 채권을 이전받는다.

나) 한편 압류경합은 채권자 평등을 전제로 하는 것이므로 정이 물상대위에 의한 압류 및 전부명령 등으로 우선권이 있는 경우에는 압류가 초과되어도 압류경합이 되지 않아 정이 6,000만 원에 대하여 압류 및 전부명령을 발령받아 병에게 6,000만 원의 지급을 구할 수 있다.

다) 또한 압류경합으로 인한 전부명령의 무효 여부를 판단하는 것은 전부명령이 발령되어 제3채무에게 송달된 시점을 기준으로 하므로 압류경합 이전에 전부명령이 발령되어 제3무자에게 송달되면 전부명령은 유효하다. 즉 위 사례에서 사안을 달리하여 정이 위 6,000만 원에 대하여 압류명령 발령 후 전부명령을 발령받거나 압류 및 전부명령을 병합하여 발령받아 전부명령이 먼저 제3채무자 병에게 송달된 이후에 갑이 위 압류 및 추심명령을 발령받아도 전부명령이 소급적으로 효력이 발생하는 위 송달시에는 압류경합이 아니므로 정의 전부명령은 유효하다. 마치 정에게 먼저 채권 일부 양도가 있은 후에 갑의 압류가 있는 경우와 유사하다. 그러므로 정의 전부명령으로 을의 병에 대한 피압류채권 중 6,000만 원의 채권은 먼저 정에게 이전되었고 갑의 압류 및 추심명령은 1억 원에서 6,000만 원을 공제한 나머지 4,000만 원 범위 내에서 유효하다. 또한 갑이 정의 전부명령 송달 이후 압류 및 추심명령 대신 압류 및 전부명령을 발령받은 경우에도 압류경합이 아니므로 4,000만 원 범위 내에서 유효하다.

라) 나아가 압류 내지 압류 및 전부명령은 임대차보증금 등 장래 내지 조건부의 불확정 채권에 대하여도 가능하고 압류의 경합 여부는 제3채무자에 대한 송달시를 기준으로 한다. 예를 들어 을의 병에 대한 임차보증금 채권이 1억 원이고, 을에 대한 채권자 갑이 그중 4천만 원, 정이 그중 3천만 원을 각 압류한 이후 각 전부명령을 받아 확정된 경우 이는 압류경합이 아니므로 각 전부명령이 유효하고, 나중에 병의 인도 시에 연체차임 등을 공제하여 임차보증금이 5천만 원이 남아 갑과 정의 위 압류 합계 금액인 7,000만 원이 이를 초과하여도 위 각 전부명령은 모두 유효하다. 이 점에 관하여 대법원[20]은 "채권액의 확정에 불확실한 요소가 내포된 공사 완성 전의 공사대금 채권에 대하여 전부명령을 허용하면서

20 대법원 1995. 9. 26. 선고 95다4681 판결.

동시에 그 전부명령의 효력이 장래의 채권 확정시가 아니라 전부명령이 제3채무자에게 송달된 때 발생된다고 해석하는 이상, 압류 및 전부명령을 받은 자보다 먼저 당해 피압류채권을 압류한 자가 있을 경우에 압류가 경합되어 전부명령이 무효로 되는지의 여부는, 나중에 확정된 피압류채권액을 기준으로 판단할 것이 아니라 전부명령이 제3채무자에게 송달된 당시의 계약상의 피압류채권액을 기준으로 판단하여야 한다"고 판시하였다. 갑과 정이 병으로부터 위 전부금을 지급받으면 서로 정산하여야 하는데 전부명령이 빠른 채권자가 우선한다는 학설과 서로 채권액에 비례하여 분배하여야 한다는 학설이 있고, 명확한 대법원 판례는 없다. 갑과 정이 피압류채권의 부족으로 변제받지 못한 금액에 대하여는 민사집행법 제231조 단서에 의하여 소멸하지 않으므로 채무자 을에 대하여 다시 강제집행할 수 있다고 본다(대법원 2001. 9. 25. 선고 99다15177 판결 참조).

다. 압류의 처분금지효와 상대효

1) 압류명령이 발령된 경우나 압류 및 추심명령이 발령되었거나, 압류 및 전부명령이 발령되어 확정되지 않은 경우에 채무자는 압류로 인한 처분금지 및 변제수령 금지 효력에 의하여 채권의 처분으로 채권의 이전에 해당하는 채권 양도, 채권의 소멸에 해당하는 채무 면제, 피압류채권을 수동 채권으로 하는 상계(제3채무자가 하는 상계와 구별하여야 한다. 제3채무자의 상계는 뒤에서 살펴본다), 영수에 해당하는 변제의 수령과 제3채무자의 지급 등은 금지된다. 이러한 행위로 앞에서 본 바와 같이 집행채권자 및 집행에 참여하는 채권자들에게 대항할 수 없다. 즉 제3채무자가 채무자에게 피압류채권을 변제하거나 채무자가 타에 피압류채권을 양도하여도 이는 위 채권자들에 대하여 무효이므로 집행채권자는 집행을 계속하여 추심명령 또는 전부명령을 신청하여 발령받거나 이미 발령받은 추심명령 또는 전부명령을 계속 진행할 수 있다. 다만 전부명령이 확

정된 경우에는 위에서 본 바와 같이 제3채무자에 대한 송달 시로 소급하여 피압류채권이 전부 채권자에게 이전하므로 그 이후에는 채무자는 피압류채권을 상실하여 처분 내지 변제 수령을 할 수 없으므로 위와 같은 처분금지효 등은 문제가 되지 않는다.

2) 즉 갑이 을의 병에 대한 1억 원의 대여금 채권을 압류하면 병이 을에게 위 1억 원을 변제하여도 이를 갑에게 대항할 수 없고, 나아가 을이 병에 대한 피압류채권을 정에게 양도하여도 정은 양도로 갑에게 대항할 수 없어 갑은 변제나 양도를 무시하고 추심명령 또는 전부명령을 발령받아 병에게 대여금을 청구할 수 있다.

3) 그러나 이러한 처분 및 영수, 변제금지효는 집행채권자와 배당요구를 한 채권자 등에게 대항할 수 없으나 집행 채무자와 피압류채권 양수인, 채무자와 제3채무자 사이에는 유효하다. 즉 상대적 무효이므로 집행종료 이전에 압류 신청이 취하되거나 청구이의의 소 등으로 압류가 취소되면 채권양수 및 변제는 확정적으로 유효하게 된다. 위 사례에서 갑의 압류가 취소되면 을은 병에게 유효하게 변제를 받을 수 있고, 정 역시 유효하게 채권을 양수하여 병에게 변제를 청구할 수 있다.

4) 이 점에 관하여 대법원[21]은 "압류의 처분금지 효력은 절대적인 것이 아니고, 채무자의 처분행위 또는 제3채무자의 변제로써 처분 또는 변제 전에 집행절차에 참가한 압류채권자나 배당요구채권자에게 대항하지 못한다는 의미에서의 상대적 효력만을 가지는 것이어서, 압류의 효력발생 전에 채무자가 처분하였거나 제3채무자가 변제한 경우에는, 그보다 먼저 압류한 채권자가 있어 그 채권자에게는 대항할 수 없는 사정이 있더라도, 그 처분이나 변제 후에 압류명령을 얻은 채권자에 대하여는 유효한 처분 또는 변제가 된다"고 판시하였다. 그러므로 집행채무자가 압류된 채권을 제3자에게 양도하면 양수인은 위 양도로 집행채권자

---

21 대법원 2003. 5. 30. 선고 2001다10748 판결.

에게 대항할 수 없으나 그 이후에 위 채권을 압류한 후행 압류채권자에게는 대항할 수 있어 후행 압류는 무효이다.

라. 채권 압류 등과 채권 양도의 우열

1) 채권 양도가 선행한 경우

지명채권이 양도되고 제3자에게 대항하기 위해서는 채무자에 대한 확정일자 있는 통지나 채무자의 승낙이 있어야 한다(민법 제450조 제2항). 위 '대항'은 채권 귀속의 문제이고, 위 '제3자'에는 가압류 및 압류채권자도 포함된다. 그리고 채권 양도에 확정일자 있는 통지나 확정일자 있는 채무자의 승낙이 있으면 그 확정일자가 부여된 일시가 아니라 통지나 승낙의 일시를 기준으로 우열을 결정한다. 따라서 예를 들어 을이 병에 대한 매매대금 채권 1억 원을 정에게 양도하여 확정일자 있는 증서로 병에게 통지한 이후 갑이 을을 채무자로 하여 을의 병에 대한 위 채권을 가압류 내지 압류 등을 하여도 을의 병에 대한 위 채권이 정에게 이미 양도되어 을에게 존재하지 않는 채권에 대한 집행으로 무효이다. 이 점에 관하여 대법원[22]은 "채무자가 압류 또는 가압류의 대상인 채권을 양도하고 확정일자 있는 통지 등에 의한 채권양도의 대항요건을 갖추었다면, 그 후 채무자의 다른 채권자가 그 양도된 채권에 대하여 압류 또는 가압류를 하더라도 그 압류 또는 가압류 당시에 피압류채권은 이미 존재하지 않는 것과 같아 압류 또는 가압류로서의 효력이 없고, 따라서 그 다른 채권자는 압류 등에 따른 집행절차에 참여할 수 없다"고 판시하였다.

2) 압류가 선행한 경우

가) 그러나 가압류, 압류가 확정일자 있는 양도 통지나 승낙보다 앞서면 채권양도가 곧바로 무효가 되는 것은 아니고 가압류나 압류의 처분

22 대법원 2010. 10. 28. 선고 2010다57213, 57220 판결.

금지효에 의하여 채권 양수인은 가압류 내지 압류의 제한이 있는 상태로 채권을 양수한다. 추심명령이 발령되어 제3채무자에게 효력이 발생한 이후에 피압류채권이 양도되어도 마찬가지이다. 즉 채권 양도의 제3자에 대한 대항력이 발생하는 확정일자 있는 증서에 의한 통지나 승낙보다 위 처분금지효가 앞서므로 채권 양수인은 처분 제한의 효력을 받는다. 예를 들어 갑이 을의 병에 대한 1억 원의 대여금 채권에 관하여 압류 및 추심명령을 발령받아 병에게 송달된 이후 을이 위 채권을 정에게 확정일자 있는 증서로 통지하여 병에게 도달하여도 정의 위 양도가 곧바로 무효가 되는 것은 아니고 정은 위 압류 및 추심명령의 제한이 있는 상태로 양도받아 병을 상대로 양수금 소송을 제기할 당사자적격이 없게 된다(대법원 위 99다23888 판결). 그러나 정이 없고 갑의 압류만 있을 경우 을이 병을 상대로 이행 청구를 하여 전부 승소할 수 있는 것과 같이 갑이 추심명령이 없이 단순한 압류만 발령 받았을 경우에는 정은 병을 상대로 양수금 청구를 하여 전부 승소할 수 있다. 물론 갑의 압류가 있는 한 을과 정의 강제집행은 어렵다. 그리고 정의 위 채권 양도는 갑에게는 대항할 수 없으나 그 후에 을에 대한 채권자 무는 위 채권이 이미 정에게 양도되어 을은 위 채권의 채권자가 아니므로 위 채권을 압류할 수 없다.

나) 또한 대법원[23]은 "채권가압류의 처분금지의 효력은 본안소송에서 가압류채권자가 승소하여 채무명의를 얻는 등으로 피보전권리의 존재가 확정되는 것을 조건으로 하여 발생하는 것이므로 채권가압류결정의 채권자가 본안소송에서 승소하는 등으로 채무명의를 취득하는 경우에는 가압류에 의하여 권리가 제한된 상태의 채권을 양수받는 양수인에 대한 채권양도는 무효가 된다"고 판시하고 있다. 그러나 위 '무효가 된다'는 의미는 채권자가 집행권원을 얻으면 가압류에 뒤지는 채권 양도는 채권자에 대하여 상대적으로 무효가 되어 채권자는 채권 양도를 무시하

23 대법원 2002. 4. 26. 선고 2001다59033 판결.

고 본압류를 하거나 본압류와 추심명령 내지 전부명령을 받아 집행할 수 있다는 뜻이고 제3채무자로부터의 추심이나 전부명령 확정 등으로 피압류채권이 소멸하거나 이전되기 이전에는 위 가압류 내지 압류가 그 신청의 취하 등으로 취소될 수 있고, 그와 같이 가압류 내지 압류가 취소되면 처분금지효는 소멸하므로 위 채권 양도의 상대적 무효는 소급적으로 실효되어 정은 확정적으로 유효하게 피압류채권을 취득한다. 따라서 위 무효는 일종의 해제조건부 무효이다. 한편 갑의 추심이 완료되거나 갑의 전부명령이 발령되어 확정되면 피압류채권이 소멸하거나 이전되어, 정의 채권 양도는 갑의 추심이나 전부명령과 양립할 수 없어 효력이 뒤지는 정의 채권 양도는 확정적으로 무효가 된다.

다) 그리고 확정일자 없는 채권 양도 통지나 승낙보다 뒤지는 확정일자 있는 채권 양도 통지나 승낙이 있는 경우에 후행 양도가 우선하여 유효하고 선행 양도는 무효가 된다. 채권 양도 통지나 승낙이 앞서나 확정일자가 없는 상태에서 채권 가압류나 압류명령이 제3채무자에게 먼저 송달하면 가압류 내지 압류가 채권 양도에 대항할 수 있으므로 위에서 본 바와 같이 채권 가압류 내지 압류가 있는 상태에서 확정일자 있는 채권 양도 통지나 승낙이 있는 경우와 동일한 법률관계가 발생한다. 그러므로 가압류, 압류 및 추심명령에 기한 추심이 완료되거나 전부명령이 확정되면 채권 집행이 우선하고 이에 뒤지는 양도는 확정적으로 무효가 된다.

3) 압류와 양도의 동시 도달

가) 위 사례에서 을의 병에 대한 위 대여금 채권에 관한 갑의 가압류 내지 압류가 제3채무자 병에게 송달된 날짜와 을이 병에 대한 위 매매대금 채권을 정에게 양도하고 확정일자 있는 증서에 의한 양도 통지가 병에게 도달한 날짜가 동일한 경우 위 가압류 내지 압류와 위 양도 통지는 달리 입증이 없는 한 동시에 도달한 것으로 추정한다(대법원 1994. 4. 26. 선고 93다24223 전원합의체 판결). 이러한 동시 도달의 경우에 관하여 위 93

다24223 판결은 "채권양도 통지, 가압류 또는 압류명령 등이 제3채무자에 동시에 송달되어 그들 상호간에 우열이 없는 경우에도 그 채권양수인, 가압류 또는 압류채권자는 모두 제3채무자에 대하여 완전한 대항력을 갖추었다고 할 것이므로, 그 전액에 대하여 채권양수금, 압류전부금 또는 추심금의 이행청구를 하고 적법하게 이를 변제받을 수 있고, 제3채무자로서는 이들 중 누구에게라도 그 채무 전액을 변제하면 다른 채권자에 대한 관계에서도 유효하게 면책되는 것이며, 만약 양수채권액과 가압류 또는 압류된 채권액의 합계액이 제3채무자에 대한 채권액을 초과할 때에는 그들 상호간에는 법률상의 지위가 대등하므로 공평의 원칙상 각 채권액에 안분하여 이를 내부적으로 다시 정산할 의무가 있다"고 판시하였다.

나) 그리고 채권 양도 통지와 2개의 압류 및 전부명령이 동시 도달한 경우에 관하여 대법원[24]은 "동일한 채권에 관하여 확정일자 있는 채권양도통지와 두 개 이상의 채권압류 및 전부명령 정본이 동시에 송달된 경우 채권의 양도는 채권에 대한 압류명령과는 그 성질이 다르므로 당해 전부명령이 채권의 압류가 경합된 상태에서 발령된 것으로서 무효인지의 여부를 판단함에 있어 압류액에 채권양도의 대상이 된 금액을 합산하여 피압류채권액과 비교하거나 피압류채권액에서 채권양도의 대상이 된 금액 부분을 공제하고 나머지 부분만을 압류액의 합계와 비교할 것은 아니다"고 판시하였다. 그러므로 예를 들어 을의 병에 대한 1억 원의 채권에 관하여 갑이 을을 채무자, 병을 제3채무자로 하여 위 1억 원 중 5,000만 원의 채권에 관하여, 정도 을을 채무자, 병을 제3채무자로 하여 4,000만 원의 채권에 관하여 각 압류 및 전부명령을 발령받아 같은 날 병에게 송달되었고, 을이 병에 대한 채권을 무에게 양도하고 확정일자 있는 증서에 의한 통지가 같은 날 병에게 도달한 경우 갑과 병의 위 각 전부명령은 유효하다. 만일 정이 위 4,000만 원이 아니라 6,000만 원의

24 대법원 2002. 7. 26. 선고 2001다68839 판결.

채권에 관하여 압류 및 전부명령을 발령받았다면 압류경합으로 위 각 전부명령은 모두 무효이다.

마. 압류와 소멸시효 중단

1) 민법 제168조 제2호는 소멸시효 중단 사유로 압류와 가압류를 열거하고 있다. 이때 소멸시효 중단이 되는 채권은 위 사례에서 갑의 을에 대한 채권인 집행채권이다. 그러나 피압류채권인 을의 병에 대한 채권은 민법 제168조 제2호의 압류 등으로 중단되지 않는다.

2) 한편 압류 및 추심명령의 경우 추심명령의 제3채무자에 대한 송달로 소멸시효 잠정 중단 사유인 민법 제168조 제2호 소정의 최고로서의 효력을 인정한다(대법원 2003. 5. 13. 선고 2003다16238 판결). 그러므로 그로부터 6개월 이내에 집행채권자의 소 제기 등이 있어야 최고로 인정되는 제3채무자에 대한 송달 시에 피압류채권은 확정적으로 소멸시효가 중단되고 그러한 조치가 없으면 최고로 인한 소멸시효 중단의 효력은 소멸한다. 그러나 단순한 압류 및 가압류, 압류 및 전부명령의 경우에는 명확한 판례가 없다.

바. 압류 등과 제3채무자의 상계

1) 앞에서 본 바와 같이 제3채무자는 집행 당사자는 아니나 피압류채권을 압류 채무자에게 변제하여도 압류채권자에게 대항할 수 없으므로 압류채권자가 추심명령이나 전부명령을 받아 청구하면 그 지급을 피할 수 없다. 그러나 제3채무자가 압류 당시 압류 채무자에게 대항할 수 있는 사유로 압류채권자에게 대항할 수 있다. 예를 들어 피압류채권이 이미 소멸시효가 완성되었다면 제3채무자는 이를 이유로 압류채권자에게 대항할 수 있어 압류채권자가 추심명령이나 전부명령을 받아도 그 지급을 거절할 수 있다. 그런데 제3채무자가 채무자에 대한 별도의 채권으로

상계를 하는 경우에는 어떻게 되는지 문제가 된다. 예를 들어 집행채권자 갑이 채무자 을에 대한 확정판결로 1억 원의 대여금 채권을 가지고 있는데 이를 집행권원으로 하여 을의 병에 대한 1억 원의 매매대금 채권에 관하여 가압류 내지 압류 또는 압류 및 추심명령, 압류 및 전부명령을 발령받았는데 병은 을에 대하여 역시 1억 원의 대여금 채권이 있어 병이 위 대여금 채권을 자동채권으로 하여 위 매매대금 채권과 상계하면 위 상계로 갑의 압류 등에 대항할 수 있는지에 대하여 논란이 있다.

2) 갑의 가압류 내지 압류만 있는 상태에서는 처분금지효 등만 있을 뿐 현금화할 수 없으므로 갑이 병에 대하여 위 매매대금의 지급을 청구할 수 없다. 그러므로 병이 위와 같이 상계를 하여도 상계의 대항 문제는 정면으로 문제가 되지는 않는다. 그러나 갑이 그 이후 추심명령 등을 발령받거나 곧바로 압류 및 추심명령 등을 발령받아 병에게 그 추심금이나 전부금 청구를 할 때 병이 위 상계로 피압류채권이 소멸되었다며 갑의 위 청구를 거절할 수 있는지 문제가 된다.

3) 이 점에 대하여 민법 제498조는 "지급을 금지하는 명령을 받은 제삼채무자는 그 후에 취득한 채권에 의한 상계로 그 명령을 신청한 채권자에게 대항하지 못한다"고 규정하고 있다. 위의 '지급을 금지하는 명령'은 보통 가압류 내지 압류를 뜻한다. 즉 위 압류명령에서 '제3채무자는 채무자에게 위 채권에 관한 지급을 하여서는 아니 된다'는 문구가 이러한 지급 금지를 명하고 있다. 위 규정을 반대로 해석하면 제3채무자가 지급을 금지하는 가압류 내지 압류명령을 송달받기 이전에 집행 채무자에 대하여 취득한 채권이 있으면 무조건 이를 자동채권으로 하여 채무자의 피압류채권을 수동채권으로 하여 상계함으로써 집행 채권자에게 피압류채권의 소멸을 주장할 수 있는지 문제가 된다. 이에 관하여 학설상 무제한설, 제한설 등의 대립이 있는데 이 점에 관하여 대법원 2012. 2. 16. 선고 2011다45521 전원합의체 판결은 민법 제498조 규정의 취지, 상계제도의 목적 및 기능, 채무자의 채권이 압류된 경우 관련 당사자들의 이익 상황 등에 비추어 보면, 채권 압류명령 또는 채권 가압류명령을

받은 제3채무자가 압류 내지 가압류채무자에 대한 반대채권을 가지고 있는 경우에 상계로써 압류채권자에게 대항하기 위하여는, 압류 내지 가압류의 효력 발생 당시에 대립하는 양 채권이 상계적상에 있거나, 그 당시 반대채권의 변제기가 도래하지 아니한 경우에는 그것이 피압류채권의 변제기와 동시에 또는 그보다 먼저 도래하여야 가압류 내지 압류채권자, 압류 및 추심명령 내지 전부명령권자에 대항할 수 있다는 취지로 제한설 중 변제기 기준설을 취하였다.

4) 원래 상계에는 간이 결제 수단으로서의 기능, 사적 집행 수단으로서의 기능 이외에 가장 중요한 담보적 기능이 있다. 위 사례에서 갑의 압류 등이 없으나 을이 무자력이거나 다른 채권자가 많을 경우 병은 을에 대한 대여금 채권으로 을의 재산에 강제집행할 수 없거나 강제집행을 하여도 평등 배당으로 채권 전체의 만족을 받기 어렵지만 을의 병에 대한 매매대금 채권과 상계하면 병은 을에 대한 매매대금 채무를 면하여 병이 대여금 채권을 우선적으로 만족받는 것과 동일한 결과가 된다. 이는 마치 병이 을의 병에 대한 수동채권에 관하여 병의 자동채권인 위 대여금 채권을 피담보채권으로 하여 질권 등 담보권을 설정한 경우와 유사한 결과가 된다. 그래서 상계의 이러한 기능을 담보적 기능이라 한다. 그러나 이러한 상계의 담보적 기능은 무한정하게 인정되는 것이 아니라 가압류 내지 압류채권 등 피압류채권에 관하여 이해관계를 맺는 채권자들에 대하여는 상계권자의 상계기대의 정당한 이익과 압류채권자 등의 채권 만족의 이익을 균형 있게 고려하여 그 범위를 적절하게 제한할 수 있다는 것이 위 대법원 판례의 취지로 이해할 수 있다.

5) 그러므로 위 사례에서 위 가압류 내지 압류의 효력이 발생하는 병에 대한 송달 시를 기준으로 병의 대여금 채권과 피압류채권인 매매대금 채권이 상계적상에 있거나 그렇지 않은 경우에 대여금 채권의 변제기가 매매대금 채권의 변제기와 동시에 또는 먼저 도래하면 압류에 대항할 수 있다. 그러므로 갑이 추심금이나 전부금을 청구하면 병이 상계를 하고 상계적상이 가압류 내지 압류 이전이면 피압류채권은 이미 상

계로 소멸하였으므로 갑은 소멸하여 존재하지 않은 채권에 관하여 압류 등을 한 셈이 되고, 상계적상이 가압류 내지 압류 이후이면 피압류채권의 소멸을 주장하여 병은 추심금 등의 청구를 거절할 수 있다. 그러므로 갑이 병을 상대로 추심금 내지 전부금 소송을 하면 패소하게 된다. 한편 상계의 의사표시는 가압류 내지 압류 단계에서는 집행 채무자를 상대로 하여야 하고, 추심명령이 효력이 발생한 경우에는 집행 채무자 내지 추심채권자를, 전부명령이 확정된 경우에는 전부채권자를 각 상대로 하여야 한다.

6) 그러나 압류 당시 이미 발생하지 않은 제3채무자의 자동채권은 비록 수동채권인 피압류채권의 변제기보다 빠르다 하더라도 상계로 집행채권자에게 대항할 수 없다. 한편 제3채무자의 압류채무자에 대한 자동채권이 수동채권인 피압류채권과 동시이행관계에 있는 경우, 그 자동채권이 압류 후에 발생한 것이더라도 자동채권이 발생한 기초가 되는 원인은 수동채권이 압류되기 전에 이미 성립하여 존재하고 있었던 것이므로 그 자동채권은 민법 제498조에 규정된 '지급을 금지하는 명령을 받은 제3채무자가 그 후에 취득한 채권'에 해당하지 않아 피압류채권과 상계할 수 있다(대법원 2005. 11. 10. 선고 2004다37676 판결 등). 그러므로 피압류채권이 수급인의 도급인에 대한 공사대금 채권일 경우에 도급인의 수급인에 대한 하자보수에 갈음하는 손해배상 채권(민법 제667조 제2항)은 동시이행 관계에 있으므로 도급인은 위 손해배상 채권의 발생 시기와 관계없이 상계를 주장하여 압류채권자 등에게 대항할 수 있다.

사. 추심명령과 전부명령의 비교, 계속 채권의 집행

1) 위에서 본 바와 같이 추심명령과 전부명령을 비교하여 정리하면 다음과 같다. 이전되는 권리 측면에서 추심채권자는 추심권이라는 권능을 취득하나 전부채권자는 피압류채권 자체를 이전받는다. 그리고 압류의 경합시 추심명령은 유효하나, 전부명령은 무효이다. 또한 제3채무자 무

자력시 추심명령의 경우 채무자에 대하여 다시 집행할 수 있으나 전부명령의 경우 다시 집행할 수 없다. 즉시항고시 추심명령의 경우 효력이 정지되지 않으나 전부명령의 경우 확정이 저지되어 효력이 발생하지 않는다. 추심명령의 경우 원칙적으로 배당절차가 개시되나, 전부명령의 경우 배당절차가 없다. 결론적으로 추심명령은 채권자 대위권과 유사하고, 전부명령은 대물변제에 의한 채권양도와 유사하다.

2) 매월 지급 되는 임금 등 계속 채권에 관하여 압류 금지가 되지 않는 범위 내에서 이미 발생한 채권 이외에 장래에 발생할 채권도 압류할 수 있는데 예를 들어 을이 병으로부터 압류 금지를 제외하고 매월 200만 원의 임금 채권이 있고 2020. 12.분부터의 임금을 지급받지 못하고 있다면 을의 채권자로 1,000만 원의 집행권원을 가진 갑은 2021. 1. 2. 을의 병에 대한 임금 채권을 1,000만 원 범위 내에서 압류할 수 있다. 이 경우 특별한 제한(예를 들어 2021. 1.분부터 위 청구금액에 이르기까지의 돈 등)이 없이 단순히 1,000만 원에 이르기까지의 채권을 압류하면 이미 발생한 2020. 12.분부터 2021. 4.분까지 1,000만 원의 채권에 대하여 압류의 효력이 미친다. 위와 같은 제한이 있을 때는 2021. 1.분부터 2021. 5.분까지의 채권에 대하여 압류의 효력이 미친다. 그 후 을의 다른 채권자 정이 2021. 1. 10. 1,000만 원의 집행권원으로 을의 위 임금 채권을 압류하면 2020. 12.분부터 압류의 효력이 미치고 그 결과 갑의 압류와 경합되어 갑과 정의 압류는 을의 임금이 합계 2,000만 원이 되는 2021. 9.분까지 미친다(대법원 2003. 5. 30. 선고 2001다10748 판결).

3) 이 경우(특별한 제한 없음을 기준) 갑과 정이 각각 추심명령을 하였다면 2020. 12.분부터 매월 발생하는 임금 채권(압류 금지 부분을 제외)을 평등 배당받게 된다. 그런데 갑이 압류 및 추심명령을 발령받았고, 정이 압류 및 전부명령을 발령받아 확정되었다면 위 전부명령은 압류경합으로 무효이다. 그런데 갑이 먼저 압류 및 전부명령을 신청하여 발령받아 확정되었다면 그 당시에는 압류경합이 없어 유효하여 2021. 4.분까지의 임금 채권은 갑에게 이전하므로 정의 위 압류 효력은 그 후에 발생하는

2021. 5.분부터 2021. 9.분의 임금 채권에 미친다.

5. 제3채무자의 공탁과 배당 절차

가. 채권의 압류 내지 압류 및 추심명령이나 압류 및 전부명령의 경우 제3채무자는 피압류채권의 존재를 인정하지 않으면 추심채권자의 추심의 소나 전부 채권자의 전부금 소에서 그 피압류채권의 부존재를 주장하여 그 권리를 보호받을 수 있다.

나. 그러나 제3채무자가 피압류채권의 존재를 인정할 경우에 단일의 압류나 압류 및 추심명령이 경우에 그 압류된 금액이나 압류에 관련 채권 전체의 금액을 집행공탁할 수 있고, 복수의 압류나 가압류가 존재할 경우에도 집행공탁할 수 있다. 배당요구 채권자의 공탁 청구가 있으면 제3채무자는 집행공탁을 하여야 면책을 주장할 수 있다(민사집행법 제248조). 위 공탁 시 복수의 압류는 물론이고 단수의 압류라도 제3채무자는 배당을 위하여 위 공탁 사실을 법원에 사유신고하여야 한다(위 제248조 제4항).

다. 이와 같은 집행공탁으로 인하여 피압류채권은 변제로 소멸하고, 사유신고로 인하여 배당절차가 개시된다. 집행공탁 이전의 압류채권자 등은 처분과 변제의 금지라는 압류의 목적은 달성되었으므로 배당 참가 채권자로 전환하여 별도의 배당요구 없이 배당에 참가하여 배당을 받는다.

라. 그러나 단일의 전부명령이 확정된 경우에는 특별한 사정이 없는 한 그로 인하여 집행이 종료하였으므로 제3채무자는 집행공탁을 할 수 없고, 전부 채권자의 변제 수령 불능 등 변제공탁 사유가 있으면 변제공탁을 할 수 있다.

마. 위에서 본 바와 같이 채권의 압류 및 전부명령의 경우에는 배당절차가 개시되지 않으나 위에서 본 집행공탁이나 추심명령에 의한 추심과 복수 채권자가 있을 경우에는 배당절차가 개시된다. 전부명령이 발령되었으나 압류경합 등으로 무효이고 제3채무자가 위와 같은 집행공탁을 한 경우에도 배당절차가 개시된다. 추심이 완료되기 이전의 가압류 내지 압류 채권자나 추심명령의 추심 신고 시나 제3채무자의 공탁 및 사유신고 시까지 배당요구를 한 채권자는 배당에 참여한다.

바. 부동산의 강제경매와 달리 채권집행의 경우에는 민법 · 상법, 그 밖의 법률에 의하여 우선변제청구권이 있는 채권자와 집행력 있는 정본을 가진 채권자만 배당요구를 할 수 있다(제247조 제1항).

6. 물상대위권(物上代位權)의 행사

가. 민법 제342조는 "질권은 질물의 멸실, 훼손 또는 공용징수로 인하여 질권설정자가 받을 금전 기타 물건에 대하여도 이를 행사할 수 있다. 이 경우에는 그 지급 또는 인도 전에 압류하여야 한다"고 규정하고 있고, 저당권에 관한 민법 제370조는 위 제342조를 준용하고 있다.

나. 저당권자 내지 근저당권자(이하 근저당권자에 대하여만 설명한다)는 목적 부동산에 대하여 우선하여 변제를 받을 권리가 있고, 따라서 경매를 청구할 수도 있고, 다른 채권자가 신청한 경매에서 우선적으로 배당을 받을 수 있는데 목적 부동산이 수용되거나 멸실 또는 훼손되어 근저당권설정자나 제3취득자가 받을 수 있는 수용보상금 채권, 보험금 채권 등에 대하여도 근저당권의 효력을 주장하여 그 권리를 행사할 수 있는데 이를 물상대위라 한다. 이러한 물상대위는 전세권에 대한 저당권에도 적용된다(대법원 2014. 10. 27. 선고 2013다91672 판결).

다. 원래 근저당권의 객체는 부동산 또는 전세권, 지상권 등 부동산을 목적으로 하는 물권이나 물상대위는 근저당권의 효력이 저당목적물이 가지는 가치의 변형물로, 위 목적물에 갈음하는 수용보상금 채권 등 채권에 대하여 행사할 수 있는 것이다. 채권에 대하여도 근저당권의 효력이 미친다는 것은 위에서 본 바와 같은 근저당권의 우선변제권이 미친다는 것이고, 우선변제권은 담보권의 실행과 배당 참가인데 채권에 대하여는 경매를 할 수 없으므로 담보권 실행으로 압류 및 추심명령, 압류 및 전부명령 등의 방법을 취하여야 한다. 또한 타인의 위 채권에 대한 압류 및 추심명령이 있거나 제3채무자의 집행공탁이 있으면 근저당권자는 적법하게 배당요구를 하여 우선적으로 배당을 받을 수 있다. 이 점에 관하여 민사집행법 제273조는 "① 채권, 그 밖의 재산권을 목적으로 하는 담보권의 실행은 담보권의 존재를 증명하는 서류(권리의 이전에 관하여 등기나 등록을 필요로 하는 경우에는 그 등기사항증명서 또는 등록원부의 등본)가 제출된 때에 개시한다. ② 민법 제342조에 따라 담보권설정자가 받을 금전, 그 밖의 물건에 대하여 권리를 행사하는 경우에도 제1항과 같다."고 규정하고 있다.

라. 그러나 물상대위권을 행사하기 위해서는 위에서 본 바와 같이 압류를 하여야 한다. 그러나 압류는 물상대위의 목적인 채권의 특정성을 유지하여 그 효력을 보전함과 동시에 제3자에게 불측의 손해를 입히지 않으려는 데에 그 취지가 있으므로 근저당 목적물의 변형물인 금전 기타 물건에 대하여 이미 제3자가 압류하여 특정된 이상 근저당권자가 스스로 이를 압류하지 않고서도 물상대위권을 행사하여 일반 채권자보다 우선변제를 받을 수 있다(대법원 2010. 10. 28. 선고 2010다46756 판결). 그리고 물상대위권의 행사는 채권 압류 및 전부명령 이외에 압류 및 추심명령 신청을 통하여 할 수도 있다(대법원 2008. 4. 10. 선고 2006다60557 판결). 위 압류 및 추심명령 내지 전부명령과 배당요구는 배당요구 종기 이전에 이루어져야 한다(대법원 2003. 3. 28. 선고 2002다13539 판결).

마. 그리고 근저당권설정자가 근저당권 목적물에 갈음하여 받은 채권이 양도 내지 압류 및 전부명령으로 제3자에게 이전되어도 근저당권의 공시는 위 대위물에 대한 공시로서 작용하고 앞에서 본 바와 같이 근저당권이 추급효를 가지므로 물상대위권 역시 추급력을 가진다. 이 점에 관하여 대법원[25]은 "물상대위권자의 압류 전에 양도 또는 전부명령 등에 의하여 보상금 채권이 타인에게 이전된 경우라도 보상금이 직접 지급되거나 보상금지급청구권에 관한 강제집행절차에 있어서 배당요구의 종기에 이르기 전에는 여전히 그 청구권에 대한 추급이 가능하다"고 판시하였다. 그러나 압류 이전에 근저당권설정자가 근저당권 목적물에 갈음하는 보험금 등 채권을 변제받았을 때는 물상대위권을 행사할 수 없고, 부당이득반환이 문제가 된다.

바. 근저당권자가 적법하게 물상대위권을 행사하였을 때 그 우선 순위는 근저당권의 설정 시를 기준으로 한다. 가등기의 순위 보전의 법리와 유사하다. 그러므로 배당요구 종기일 이전에 압류 및 추심명령 내지 압류 및 전부명령, 배당요구 등으로 물상대위권을 행사했을 때 다른 가압류 내지 압류 및 추심명령 내지 전부명령, 배당요구권자 사이의 우열은 근저당권의 설정시를 기준으로 한다. 그리고 물상대위권자는 우선변제권이 있으므로 압류경합이 되더라도 전부명령이 무효가 되지 않음은 앞에서 본 바와 같다. 이해의 편의를 위하여 다음 사례를 검토하기로 한다.

사. 사례는 다음과 같다. 즉 갑 소유의 x토지(시가 1억 원)에 관하여 A에게 1번 근저당권설정등기(채권최고액 및 피담보채권 각각 1억 원)가 마쳐졌는데. 그 후 위 토지가 을에게 적법하게 수용되어 갑에게 1억 원의 수용

25 대법원 2000. 6. 23. 선고 98다31899 판결.

보상금 채권이 발생하였다. 갑에 대하여 1억 원의 채권(확정판결)이 있는 병이 갑을 채무자, 을을 제3채무자로 하여 갑의 을에 대한 1억 원의 수용보상금 채권에 관하여 압류 및 추심명령을 받아 2020. 2. 1. 을에게 송달되었다. 그 후에 A가 위 근저당권에 기하여 물상대위를 행사하여 갑을 채무자, 을을 제3채무자로 하여 갑의 을에 대한 위 1억 원의 수용보상금 채권에 관하여 압류 및 전부명령을 받아 2020. 3. 2. 갑, 을에게 각각 송달되어 2020. 3. 10. 그대로 확정되었다. 이 경우 A는 위 수용보상금 1억 원을 전부 지급받을 수 있는지 문제가 된다. 이 경우 A가 물상대위권을 행사한 경우, 종전 근저당권의 효력은 물상대위의 목적이 된 채권에 존속하여 근저당권자가 위 채권으로부터 근저당권설정일보다 뒤지는 다른 일반 채권자보다 우선변제를 받을 권리가 있다. 그러므로 A는 위 토지에 대하여 우선권이 없는 일반채권자 병에 우선한다. 그 결과 A의 압류 및 전부명령이 병의 압류 및 추심명령보다 늦게 송달되고, 압류경합이 되어도 A의 전부명령은 유효하고 병의 추심명령보다 우선한다. 결국 A는 수용보상금 1억 원을 전부 지급받을 수 있다.

제4절

금전채권 이외의 채권에 의한 강제집행

1. 총 설

지금까지는 채권자가 대여금 등 금전채권을 가진 경우에 채무자의 집행재산에 대하여 경매 등 만족을 얻는 강제집행에 대하여 살펴보았으나 다음에는 부동산 인도 등 채권자가 비금전채권을 가진 경우에 그 목적을 달성하기 위한 강제집행에 관하여 살펴보기로 한다. 비금전채권 집행은 크게 직접강제, 대체집행, 간접강제, 의사표시 의무의 집행 등으로 구별된다.

2. 부동산 내지 유체동산의 인도청구권의 집행─직접강제(直接强制)

가. 예를 들어 갑은 을로부터 x부동산(주택)을 1억 원에 매수하고 대금을 전부 지급하였으나 소유권이전등기만 마치고 인도를 받지 못하였다면 갑은 어떻게 인도받을 것인지 문제가 된다. 이러한 경우에 대하여 민사집행법 제258조 제1항은 "채무자가 부동산이나 선박을 인도하여야 할 때에는 집행관은 채무자로부터 점유를 빼앗아 채권자에게 인도하여야 한다"고 규정하고 있다. 그러므로 갑은 을을 상대로 을은 갑에게 위 주

택을 인도하라는 집행권원(확정판결, 가집행선고 있는 판결 등)을 받아 집행문을 부여받은 다음 집행관에게 인도를 신청하면 집행관은 채무자인 을의 점유를 빼앗아 채권자인 갑에게 인도한다. 유체동산의 경우도 동일하다.

나. 임대차 종료의 경우에 임대인이 임차인을 상대로 원상회복으로 임대차 목적물의 인도를 구하는 경우도 이러한 직접강제가 이용된다.

3. 대체집행(代替執行)

가. 예를 들어 갑 소유의 토지에 을이 적법한 권원 없이 건물을 건축하여 소유하고 있다면 갑은 을에 대하여 어떠한 절차를 거쳐 위 건물을 철거할 것인지, 그리고 그 비용은 어떻게 되는지 문제가 된다. 이러한 건물철거 의무는 하는 채무 중 대체적 작위 채무이므로 다른 사람이 집행할 수 있다. 이에 대하여 민법 제389조 제2항 후단은 "채무자의 일신에 전속하지 아니한 작위를 목적으로 한 때에는 채무자의 비용으로 제삼자에게 이를 하게 할 것을 법원에 청구할 수 있다"고 규정하고 있고, 민사집행법 제260조 제1항은 "민법 제389조 제2항 후단과 제3항의 경우에는 제1심 법원은 채권자의 신청에 따라 민법의 규정에 의한 결정을 하여야 한다"고 규정하고 있다.

나. 그러므로 갑은 을을 상대로 "을은 갑에게 00토지 지상 00건물을 철거하라"는 집행권원(확정판결 등)을 받아 집행문을 부여받아 법원에 이러한 대체집행을 신청하면 법원은 보통 집행관으로 하여금 위 건물을 철거하게 하는 대체집행 결정을 한다. 보통 주문례는 "채권자는 그가 위임하는 이 법원 소속 집행관으로 하여금 00토지 지상 00건물을 채무자의 비용으로 철거하게 할 수 있다"이다.

다. 그 후 갑은 위 결정에 따라 집행관에게 대체집행을 위임하고 집행관은 보통 보조기관을 이용하여 위 건물을 강제로 철거한다. 채권자는 채무자에 대하여 위 철거비용을 철거 이후에 지급 받을 수도 있으나 철거 이전에 미리 지급 받는 결정을 받아 집행할 수도 있다(민사집행법 제260조 제2항).

4. 간접강제(間接强制)

가. 예를 들어 을이 음식점 영업을 갑에게 양도하면 일정한 범위 내에서 경업이 금지된다(상법 제41조). 그런데 을이 이를 위반하면 갑은 을에 대하여 "을은 x시에서 음식점 영업을 하여서는 아니된다(영업을 금지한다)"라는 부작위를 명하는 확정판결 내지 가처분 등을 받을 수 있다. 그런데 을은 위 확정판결 이후에도 위 시에서 음식점 영업을 계속하고 있을 경우 갑은 을의 위반 행위에 대한 금전배상을 예고(예를 들어 을이 위 음식점 영업을 계속하면 위반행위 1일당 100만 원을 지급하라)하고 그래도 을이 이를 위반하면 금전 지급 청구에 따라 을의 재산에 대하여 강제집행을 하여 금전 배상을 받을 수 있다.

나. 이 점에 관하여 민사집행법 제261조 제1항은 "채무의 성질이 간접강제를 할 수 있는 경우에 제1심 법원은 채권자의 신청에 따라 간접강제를 명하는 결정을 한다. 그 결정에는 채무의 이행의무 및 상당한 이행기간을 밝히고, 채무자가 그 기간 이내에 이행을 하지 아니하는 때에는 늦어진 기간에 따라 일정한 배상을 하도록 명하거나 즉시 손해배상을 하도록 명할 수 있다"고 규정하고 있다.

다. 또한 이러한 간접강제는 부작위 채무뿐 아니라 부대체적 작위채무의 집행에도 적용된다. 예를 들어 주식회사 A의 소수 주주 B가 한 회계장부 열람 등사 청구에 따라 “주식회사 A는 B에게 주식회사 A의 회계장부를 열람, 등사하게 하라”는 판결이 선고되고 확정되었으나 위 회사가 이를 이행하지 않으면 위에서 본 바와 같이 금전배상을 예고(예를 들어 위 열람, 등사를 거부하면 위반행위 1일당 200만 원을 지급하라)하고, 그래도 위반하면 금전배상의 방법으로 집행한다.

5. 의사표시(意思表示) 의무의 집행

가. 예를 들어 갑이 2020. 2. 1. 을로부터 x부동산을 대금 1억 원에 매수하여 대금을 지급하였는데도 을이 위 부동산을 인도하였으나 소유권이전등기를 마쳐 주지 않을 때 갑은 자신 앞으로 소유권이전등기를 마치기 위하여 어떻게 하여야 하는지 문제가 된다. 이 점에 관하여 민사집행법 제263조 제1항은 “채무자가 권리 관계의 성립을 인낙한 때에는 그 조서로, 의사의 진술을 명한 판결이 확정된 때에는 그 판결로 권리관계의 성립을 인낙하거나 의사를 진술한 것으로 본다”고 규정하고 있다. 그러므로 갑이 을을 상대로 위 부동산의 소유권이전등기에 관한 소송을 제기하여 “을은 갑에게 위 부동산에 관하여 2020. 2. 1. 매매를 원인으로 한 소유권이전등기절차를 이행하라”는 판결이 선고되어 확정되면, 을은 위 확정판결로 소유권이전등기절차를 이행한다는 의사표시를 한 것으로 의제되므로 갑은 확정판결로 단독으로 소유권이전등기를 신청하여 그 등기를 마칠 수 있다. 이러한 의사표시 의무의 집행은 채권양도의 통지 등 준법률행위의 경우에도 적용된다.

나. 확정판결 등 집행권원 성립 시 의사를 진술한 것으로 의제되므로 따로 집행을 위한 집행문이 필요하지 않으나 예를 들어 위 사례에서 대금 1억 원 중 5,000만 원을 지급하지 않아 “을은 갑으로부터 5,000만 원을 지급받음과 동시에 갑에게 위 부동산에 관하여 2020. 2. 1. 매매를 원

인으로 한 소유권이전등기절차를 이행하라"는 판결이 선고되어 확정된 경우에는 을은 갑에게 위 5,000만 원에 대한 이행 내지 이행을 제공하여 집행문을 부여받아야 의사 진술이 의제된다. 즉 반대의무가 선이행이나 동시이행인 경우에 이러한 의무의 이행 내지 이행 제공된 후 이를 확인한 집행문이 부여되어야 의사 진술이 의제된다(민사집행법 제263조 제2항). 이는 의사 진술의 의제라는 의사표시 의무의 특성에 따라 의사 진술 의제 이전에 위 반대의무의 이행이 있어야 하기 때문이다. 이와 달리 금전채권의 집행에서는 채권자의 동시이행의무 이행 내지 이행 제공이 집행문 부여 요건이 아니고 집행개시 요건임은 앞에서 본 바와 같다.

제3장 보전처분

제1절

보전처분(保全處分)의 의의, 종류 등

1. 보전처분의 의의

앞에서 본 바와 같이 금전채권이나 인도, 소유권이전등기절차 이행청구 등 비금전채권의 강제집행을 위하여는 확정 판결 등 집행권원(執行權原)이 있어야 하고, 채권자가 이러한 집행권원을 얻기 위하여 소송을 거치는 등 많은 시간이 소요되는데 그 사이에 채무자가 책임재산이나 인도 내지 소유권이전등기의무 등의 대상이 되는 목적물을 타에 처분하면 강제집행이 불가능하거나 곤란하게 된다. 이러한 책임재산과 다툼의 대상이 되는 목적물에 대한 현상을 동결하여 강제집행을 보전할 필요가 있다. 그리고 대표이사 직무집행정지 가처분처럼 본안 판결 이전에 임시로 지위를 보전할 필요가 있는 경우가 있다. 이러한 현상을 동결하거나 잠정적인 법률관계를 형성시키는 법원의 처분을 보전처분이라 한다.

2. 보전처분의 종류와 특질

1) 총 설

보전처분은 크게 금전채권을 보전하기 위한 가압류(假押留)와 금전채권 이외의 청구권을 보전하기 위한 다툼의 대상에 관한 가처분(假處分)과 다툼 있는 권리관계에 대하여 다툼이 종료될 때까지 현재의 권리 관계를 유지하는 임시의 지위를 보전하기 위한 가처분 등 3가지 유형이 있다. 이하에서는 대부분 가압류와 다툼의 대상에 관한 가처분에 관하여만 설명하고, 임시의 지위를 보전하기 위한 가처분은 따로 간단하게 설명하기로 한다

2) 가압류

가) 이 책 처음의 민사집행절차의 개관에서 설명한 바와 같이 갑이 을에게 돈을 대여하였는데 을이 이를 변제하지 않고 있을 때 갑은 을에 대하여 민사소송을 제기하여 확정판결을 받는 등 집행권원을 얻어 을의 부동산 등에 관하여 강제경매, 을의 채권에 관하여 압류 및 추심명령 등 강제집행을 하여 변제받을 수 있다.

나) 그런데 갑이 강제경매나 압류 및 추심명령 등의 집행 이전에 채무자인 을이 부동산 내지 채권 등 책임재산을 제3자에게 양도, 담보권 설정 등으로 처분하면 압류를 할 수 없거나 책임재산의 가치가 감소하여 강제집행을 통하여 채권을 변제받기 어려울 수 있다. 그러므로 채권자 갑은 압류 이전에도 부동산과 채권 등을 타에 처분하지 못하도록 보전할 필요가 있다. 이와 같이 금전채권이나 금전채권으로 환산할 수 있는 채권의 집행을 보전하기 위하여 채무자의 책임재산을 잠정적으로 처분하지 못하도록 하는 보전처분이 가압류이다. 뒤에서 보는 바와 같이 가압류 집행을 하면 그 이후의 처분은 처분금지효에 의하여 무효로 되거나 담보권자의 우선권을 박탈할 수 있다.

3) 다툼의 대상에 관한 가처분

가) 민사집행절차의 개관에서 설명한 바와 같이 갑이 을로부터 을 소유의 x부동산을 대금 1억 원에 매수하였는데 을이 위 부동산을 타에 매도하여 처분하고 소유권이전등기를 마쳐 주면 을의 갑에 대한 소유권이전등기 의무는 이행불능이 되어 갑은 소유권이전등기를 받을 수 없고,

나아가 을이 무자력이면 이행불능에 따른 손해배상도 받을 수 없다. 그러므로 위 소유권이전등기에 관한 판결과 집행 이전에 매도인이 타에 처분하지 못하도록 보전할 필요가 있다. 이러한 경우에 하는 보전처분이 처분금지가처분(處分禁止假處分)이다. 뒤에서 보는 바와 같이 이러한 가처분을 집행하면 그 이후의 처분은 처분금지효에 의하여 무효로 되거나 처분금지가처분 채권자에게 우선할 수 없다.

나) 그리고 민사집행절차의 개관에서 설명한 바와 같이 갑이 그 소유의 x부동산을 을에게 임대하였는데 임대차가 기간만료 등으로 종료되었는데도 불구하고 을이 갑에게 부동산을 인도하지 않아 갑은 을을 상대로 부동산의 인도를 구하는 소송을 제기하여 강제집행하려고 하는데 을이 그 이전에 부동산을 타에 인도하거나 현상을 변경하면 집행을 하기 어려우므로 을이 인도 및 현상 변경을 하지 못하도록 보전할 필요가 있다. 이러한 가처분을 점유이전금지가처분(占有移轉禁止假處分)이라 한다. 이러한 가처분을 하여 을에 대하여 인도에 관한 집행권원을 얻으면 점유이전 금지효에 의하여 위 가처분에 저촉되어 점유를 이전받은 사람을 상대로 직접 인도 집행을 할 수 있고, 채무자는 현상 변경을 채권자에게 주장할 수 없다.

4) 보전처분의 특질(特質)

보전처분은 확정판결 등 본안소송 이전에 현상을 동결하여 본집행 이전에 집행보전을 위한 것일 뿐 권리의 확정적인 만족을 얻는 것은 아니다. 이를 잠정성이라 한다. 그리고 집행보전을 위하여 신속하게 처리됨이 요구된다. 이를 신속성이라 한다. 또한 채무자의 처분 방지를 위하여 채무자 몰래 보전처분을 발령하고 집행할 수 있다. 이를 밀행성 내지 기습성이라 한다. 나아가 보전처분은 위 잠정성에 비추어 본안소송에서 얻은 권리를 초과할 수 없으며, 일정한 경우 본안소송을 제기하지 않은 경우 보전처분이 취소될 수도 있다. 이를 종속성이라 한다.

3. 보전처분의 당사자(當事者)와 보전처분 절차의 구조

가. 부동산이나 채권 집행에서와 같이 보전처분의 적극적 당사자를 채권자라고 하고 상대방을 채무자라고 한다. 그리고 채권 집행에서와 같이 채권에 대한 보전처분에서 채무자에 대하여 채무를 부담하는 제3자를 제3채무자라고 한다. 제3채무자는 엄격한 의미에서의 당사자가 아님은 앞에서 설명한 바와 같다.

나. 민사소송에서와 같이 사망한 사람을 채무자로 한 가압류신청은 부적법하고 그 신청에 따른 가압류결정이 내려졌다고 하여도 그 결정은 당연 무효로서 그 효력이 상속인에게 미치지 않으며, 이러한 당연 무효의 가압류는 민법 제168조 제2호에 정한 소멸시효의 중단 사유에 해당하지 않는다(대법원 2006. 8. 24. 선고 2004다26287, 26294 판결). 이는 처분금지가처분에서도 마찬가지로 적용되어 이미 사망한 사람을 채무자로 한 처분금지가처분신청은 부적법하고 그 신청에 따른 처분금지가처분결정이 있었다고 하여도 그 결정은 당연무효로서 그 효력이 상속인에게 미치지 아니한다(대법원 2004. 12. 10. 선고 2004다38921, 38938 판결).

다. 앞에서 본 바와 같이 금전채권 내지 비금전채권의 집행을 위하여 집행권원을 얻는 절차와 강제경매 내지 소유권이전등기를 마치는 등 강제집행절차가 따로 있는 바와 같이 보전처분 절차도 이와 유사하게 가압류결정 등 보전명령을 얻는 절차와 이러한 보전명령을 집행하는 보전집행절차로 이루어져 있다. 그러므로 위의 보전명령은 보전집행에 대한 집행권원이 된다.

라. 강제경매 등 본집행에서는 판결 등 집행권원을 얻는 절차는 민사소송법에 규정되어 있고 그 강제집행 절차는 민사집행법에 규정되어 있다. 그러나 보전처분 절차에서는 가압류 등 보전명령 절차는 특별

한 사정이 없는 한 신속히 이루어지고 곧바로 보전집행 절차로 이어진다. 그리고 집행관이 집행하는 유체동산에 대한 집행 이외에는 보전명령 신청에 집행 신청이 함께 포함되어 있어 보전명령 발령기관인 법원이 즉시 집행을 하는 등 위 본집행 절차와 달라 보전명령 절차와 보전집행 절차는 서로 밀접하게 연결되어 있어 모두 민사집행법에 규정되어 있다. 보전소송이라는 용어는 보전명령 절차(불복절차 포함)를 의미하기도 하고 보전명령 절차와 보전집행 절차를 모두 포함하는 의미로 사용되기도 한다.

제2절

보전처분의 요건

1. 총 설

앞에서 본 바와 같이 강제집행을 위해 집행권원이 있어야 하는데 보전처분은 위와 같은 집행권원을 얻기 이전의 단계에서 집행 보전을 위해서는 하는 처분이므로 채권자의 채무자에 대한 실체법상 권리가 있어야 함은 물론이다. 이를 피보전권리(被保全權利)라고 한다. 그리고 보전처분을 하여야 할 상당한 이유가 있어야 하는데 이를 보전(保全)의 필요성(必要性)이라 한다. 그러므로 보전처분을 신청하는 채권자는 이러한 피보전권리와 보전의 필요성을 주장하고 이를 입증하여야 하는데 이러한 입증은 본안소송에서의 증명(證明)과 달리 보전처분의 신속성 등에 비추어 증명보다 입증의 정도가 덜한 소명(疏明)으로 가능하다.

2. 가압류의 피보전권리

1) 이러한 피보전권리에 관하여 민사집행법 제276조(가압류의 목적)는 "① 가압류는 금전채권이나 금전으로 환산할 수 있는 채권에 대하여 유체동산 또는 부동산에 대한 강제집행을 보전하기 위하여 할 수 있다. ② 제

1항의 채권이 조건이 붙어 있는 것이거나 기한이 차지 아니한 것인 경우에도 가압류를 할 수 있다"고 규정하고 있다.

2) 가압류는 금전채권의 집행을 보전하기 위한 것으로 대여금 반환 채권 등 금전채권이어야 하고 소유권이전등기 이행청구권의 경우와 같이 이행불능 시 손해배상 채권 등 금전채권으로 변경될 수 있는 채권도 가압류의 피보전권리가 될 수 있다. 그리고 금전채권으로 변경될 수 있는 비금전채권은 가압류 발령 당시 이미 금전채권으로 변경되어 있을 필요가 없다.

3) 그리고 본집행의 집행채권은 변제기가 도래하여야 집행이 가능한데 가압류는 집행 보전에 그치므로 그 피보전권리는 그 신청 당시 변제기가 도래할 필요가 없다. 예를 들어 갑이 2020. 1. 1. 을에게 1억 원을 변제기 2020. 12. 31.로 정하여 대여한 경우 2021. 1. 1. 이후에 강제집행을 신청할 수 있으나 2020. 1. 1. 이후에 변제기가 도래하지 않아도 가압류를 신청할 수 있다.

4) 또한 조건부나 기한부 채권도 가압류의 피보전권리가 될 수 있고, 발생의 기초가 존재하는 한 장래의 채권도 피보전권리가 될 수 있다. 그러므로 보증인의 주채무자에 대한 장래의 구상권 등도 피보전권리가 될 수 있다.

3. 다툼의 대상에 관한 가처분의 피보전권리

1) 민사집행법 제300조(가처분의 목적)는 "① 다툼의 대상에 관한 가처분은 현상이 바뀌면 당사자가 권리를 실행하지 못하거나 이를 실행하는 것이 매우 곤란할 염려가 있을 경우에 한다"고 규정하고 있다.

2) '다툼의 대상'은 당사자 사이에 다투어지고 있는 특정 물건 또는 권리를 가리킨다. 그러므로 가처분의 피보전권리는 다툼의 대상이 되는 특정물에 관한 이행청구권이다. 쉽게 말해 보통 비금전채권의 집행보전

을 위한 이행청구권이다. 대표적인 것으로 처분금지가처분의 피보전권리는 소유권이전등기청구권, 소유권말소등기청구권, 근저당권설정등기이행청구권, 건물철거청구권 등이 있다. 점유이전금지가처분의 피보전권리는 부동산이나 유체동산의 인도청구권 등이다. 그러나 금전채권에 관하여도 양도의 효력을 둘러싸고 분쟁이 발생하는 경우 등 다툼의 대상이 되는 때에는 뒤에서 보는 바와 같이 처분금지가처분 등이 발령될 수 있다.

3) 다툼의 대상이 된 가처분의 피보전권리는 청구권이 이미 발생한 것은 물론이고 기한부나 조건부 청구권도 가능하다. 그리고 형성판결로 발생하는 장래의 청구권도 피보전권리가 된다. 예를 들어 사해행위 취소의 소를 제기함에 따라 승소 확정 판결 시 발생하는 원물반환청구권인 말소등기청구권도 피보전권리가 되고, 공유물분할의 소를 제기하기 전에도 가처분을 할 수 있다. 이 점에 관하여 대법원[26]은 "가처분의 피보전권리는 가처분신청 당시 확정적으로 발생한 것이어야 하는 것은 아니고 이미 그 발생의 기초가 존재하는 한 장래에 발생할 권리도 가처분의 피보전권리가 될 수 있다. 따라서 부동산의 공유자는 공유물분할청구의 소를 본안으로 제기하기에 앞서 장래에 그 판결이 확정됨으로써 취득할 부동산의 전부 또는 특정 부분에 대한 소유권 등의 권리를 피보전권리로 하여 다른 공유자의 공유지분에 대한 처분금지가처분도 할 수 있다"고 판시하였다.

4. 보전의 필요성(必要性)

1) 본집행에서는 위에서 본 바와 같이 집행권원이 있으면 집행할 수 있지만 보전처분은 피보전권리에 관한 집행권원이 없는 상태에서 그 집

26 대법원 2013. 6. 14. 자 2013마396 결정.

행을 보전하기 위한 제도이므로 위와 같은 피보전권리의 존재에 대한 소명만으로 채무자에게 보전처분을 하면 나중에 피보권리가 존재하지 않은 경우로 밝혀진 경우에 채무자가 중대한 불이익을 입게 된다. 그러므로 채무자가 책임재산 등을 처분할 염려가 있어 이를 방지하기 위하여 보전처분을 꼭 하여야 할 긴급한 필요가 있어야 한다. 이를 보전의 필요성이라고 한다.

2) 가압류에서 보전의 필요성

민사집행법 제277조(보전의 필요)는 "가압류는 이를 하지 아니하면 판결을 집행할 수 없거나 판결을 집행하는 것이 매우 곤란할 염려가 있을 경우에 할 수 있다"고 규정하고 있다. 즉 채무자가 그 소유의 재산에 대하여 양도, 담보권 설정 등으로 책임재산이 상실 내지 감소할 우려가 있는 경우가 보전의 필요성이 있는 때이다. 따라서 채권자가 채무자에 대하여 충분한 근저당권 등 물적 담보를 가지고 있거나 채무자의 재산이 충분한 경우에는 이러한 보전의 필요성이 없다. 그런데 보통 가압류에서 보전의 필요성은 넓게 인정되고 있는 것으로 볼 수 있다.

3) 다툼의 대상에 관한 가처분에서 보전의 필요성

위에서 본 바와 같이 다툼이 대상이 된 가처분의 보전의 필요성은 대상 목적물의 현상이 바뀌면 당사자가 권리를 실행하지 못하거나 이를 실행하는 것이 매우 곤란할 염려가 있어야 한다. 예를 들어 앞에서 본 바와 같이 채권자가 채무자로부터 채무자의 부동산을 매수하였는데 채무자가 이를 타에 매도하거나 담보권을 설정하거나 인도할 충분한 염려가 있으면 이를 방지하기 위한 필요성이 있다. 그리고 보통 다툼의 대상에 관한 가처분에서 보전의 필요성도 넓게 인정되고 있다고 본다.

4) 보전의 필요성이 없는 경우

채권자가 이미 확정판결 등 집행권원이 있는 경우에는 곧바로 집행할 수 있으므로 보전의 필요성이 없다. 그러나 집행권원이 있어도 기한부나 조건부 청구권으로 즉시 강제집행을 할 수 없는 경우에는 보전처분을 할 필요성이 있다.

5. 신청서의 예시

1) 부동산 가압류

부동산 가압류 신청

채 권 자　　김갑동
서울 000
채 무 자　　이을남
서울 000
청구채권의 표시: 1억 원(2019. 6. 1.자 대여금)
가압류할 부동산의 표시: 별지 목록과 같다.

신 청 취 지

채권자가 채무자에 대하여 가지고 있는 위 채권의 집행보전을 위하여 채무자 소유의 별지 목록 기재 부동산을 가압류한다.
라는 재판을 구합니다.

신 청 이 유

1. 채권자는 2019. 6. 1. 채무자에게 1억 원을 이자 월 1%, 변제기 2019.12. 31.로 정하여 대여하였습니다.

2. 그런데 채무자는 변제기가 지난 현재까지 원리금을 전혀 지급하지 않고 있어 채권자는 채무자를 상대로 위 돈의 지급을 구하는 소를 준비 중에 있습니다. 그러나 채무자는 채권자에 대한 위 채무 이외에도 제3자에게 많은 채무를 부담하고 있어 지급능력이 없을 뿐 아니라 채무자 소유의 유일한 부동산인 별지 목록 기재 부동산을 타에 전매하고자 하고 있습니다. 그렇게 되면 후일 채권자가 채무자를 상대로 한 본안소송에서 승소한다고 하더라도 집행할 재산이 없게 될 우려가 있으므로 그 집행보전을 위하여 이 사건 가압류신청에 이르게 되었습니다.

3. 담보제공은 보증보험회사와 지급보증위탁계약을 체결한 문서를 제출하는 것으로 갈음하는 것을 허가하여 주시기 바랍니다.

소명방법

1. 차용증 1통
1. 등기사항증명서 1통

첨부서류

1. 위 각 소명서류 각 1통
1. 가압류신청진술서 1통

2020. 7. 8.

채권자 소송대리인 변호사 홍길동 (인)

00지방법원 귀중

2) 부동산처분금지 가처분

부동산 처분금지가처분 신청

채 권 자 김갑동

서울 000

채 무 자 이을남

서울 000

목적물의 표시: 별지 목록과 같다.

피보전권리의 내용: 2019. 6. 1. 매매를 원인으로 한 소유권이전등기 청구권

목적물의 가격: 5,000만 원

신 청 취 지

채무자는 별지 목록 기재 부동산에 관하여 양도, 저당권, 전세권, 임차권의 설정 기타 일체의 처분행위를 하여서는 아니 된다.

라는 재판을 구합니다.

신 청 이 유

1. 채권자는 2019. 6. 1. 채무자로부터 그 소유 별지 목록 기재 부동산을 대금 50,000,000원에 매수하고 그 대금을 2019. 6. 30. 완납하였습니다.

2. 그런데 채무자는 채권자에게 위 부동산에 관하여 소유권이전등기 절차를 이행하지 않고 있습니다. 그래서 채권자는 채무자를 상대로 소유권이전등기절차 이행 청구의 소를 준비 중에 있습니다. 그러나 만일 채무자가 타에 이중매도를 하여 다른 사람에게 소유권이전등기를 마쳐 주면 후일 채권자가 채무자를 상대로 한 본안소송에서 승소한다고

하더라도 집행불능 상태가 될 우려가 있으므로 그 보전을 위하여 이 사건 가처분 신청에 이르게 되었습니다.

3. 담보제공은 보증보험회사와 지급보증위탁계약을 체결한 문서를 제출하는 것으로 갈음하는 것을 허가하여 주시기 바랍니다.

소명방법

1. 매매계약서 1통
1. 등기사항증명서 1통

첨부서류

1. 위 각 소명서류 각 1통
1. 가처분신청 진술서 1통

2020. 7. 8.

채권자 소송대리인 변호사 홍길동(인)

00지방법원 귀중

3) 위 각 기재에서 각각 제1항의 기재가 피보전권리로서 가압류에서는 소비대차에 기한 대여금반환청구권이, 처분금지가처분에서는 매매로 인한 소유권이전등기청구권이 각각 피보전권리이다. 그리고 각각 제2항은 보전의 필요성에 대한 기재이다.

제3절

보전소송의 관할(管轄)

1. 가압류의 관할

1) 민사집행법 제278조(가압류법원)는 “가압류는 가압류할 물건이 있는 곳을 관할하는 지방법원이나 본안의 관할법원이 관할한다”고 규정하고 있다. 여기서 가압류할 물건이란 부동산이나 유체동산의 가압류에서는 그 부동산, 유체동산을 말하고 지명채권에 대한 가압류에서 가압류할 물건이 있는 곳은 제3채무자의 보통재판적을 말한다. 그러므로 갑이 을의 병에 대한 대여금 채권을 가압류하는 경우에 가압류할 물건이 있는 곳을 관할하는 지방법원은 병의 보통재판적인 주소지를 관할하는 법원이 된다.

2) 그리고 위 ‘본안’은 보전처분에 의하여 보전될 권리 또는 법률관계의 존부를 확정하기 위한 민사재판절차를 말한다. 소송절차는 물론이고 독촉절차나 조정절차도 포함한다. 예를 들어 갑이 을에 대한 대여금 채권을 보전하기 위하여 을의 부동산을 가압류할 경우 본안의 관할법원은 갑이 을을 상대로 대여금 청구의 소를 제기할 때의 관할법원과 같다. 본안이 이미 계속된 경우에는 그 법원에 관할이 없어도 보전소송의 관할법원이 된다. 관할은 보전처분신청 당시를 기준으로 하고 그 이후에 본안소송이 관할 위반으로 이송되어도 보전소송의 관할 법원에 변동이 없

다. 관할법원은 경우에 따라 복수일 수 있다.

3) 다음의 사례를 검토한다. 즉 서울특별시 서초구(서울중앙지방법원 관할)에 거주하는 갑이 부산광역시 금정구(부산지방법원 관할)에 거주하는 을에게 1억 원을 대여하였다. 을의 유일한 재산은 창원시 성산구(창원지방법원 관할) 소재 x부동산이다. 이 경우 갑의 을에 대한 위 부동산에 관한 가압류 신청에 대한 관할법원은 어디인지 문제가 된다(본안에 관한 소는 제기되지 않았다). 이 경우 관할은 복수이다. 즉 가압류 사건의 관할은 가압류물건의 소재지 관할 법원이나 본안의 관할법원이 되므로 서울중앙지방법원(본안의 의무이행지에 따른 특별재판적), 부산지방법원(본안에서 을의 보통재판적), 창원지방법원(부동산 소재지)이 모두 관할법원이 된다. 민사소송법 제8조는 "재산권에 관한 소를 제기하는 경우에는 거소지 또는 의무이행지의 법원에 제기할 수 있다"고 규정하고 있고, 민법 제467조에 의하여 금전 채무의 변제는 지참채무로 채권자의 현주소(영업에 관한 채무의 변제는 채권자의 현 영업소)에서 하여야 하므로 금전채무와 같이 지참채무인 경우에는 의무이행지가 본안소송의 특별재판적이 되므로 서울중앙지방법원도 가압류의 관할법원이 될 수 있다.

2. 다툼의 대상에 관한 가처분의 관할

1) 민사집행법 제303조(관할법원)는 "가처분의 재판은 본안의 관할법원 또는 다툼의 대상이 있는 곳을 관할하는 지방법원이 관할한다"고 규정하고 있다. 여기에서 '본안'의 의미는 가압류의 경우와 같다. 다만 가처분의 본안에 관한 권리는 금전채무 등과 같은 지참채무가 아니므로 채권자의 주소지가 곧바로 의무이행지가 되는 것은 아니다.

2) 다툼이 대상이 있는 곳은 보통 가처분의 목적물이 있는 곳을 말한다. 소유권이전등기 등 등기, 등록이 필요한 가처분은 등기 또는 등록하는 곳을 관할하는 지방법원이 관할법원이 된다(민사집행규칙 제216조, 제213조).

제4절

보전처분의 신청(申請)과 심리(審理)

1. 보전처분의 신청과 그 효력

1) 위의 가압류, 가처분 신청서에서 본 바와 같이 채권자는 서면으로 보전처분을 신청하고 그 신청서에 당사자와 신청의 취지로 구하는 보전처분의 종류와 내용을 기재한다. 그리고 신청의 이유로 피보전권리와 보전의 필요성을 기재한다. 신청의 취지에서 가압류인 경우에는 그 청구채권과 그 금액을 기재하고, 다툼의 대상이 된 가처분에서는 그 피보전권리인 청구권을 표시하여야 한다. 이는 나중에 보는 바와 같이 처분금지효의 범위와 관련되어 있어 중요하다. 그 외 기재사항으로는 관할법원, 소명방법 등이 있다. 유체동산에 대한 가압류에는 그 목적물을 알 수 없어 이를 특정하지 않기도 한다. 이러한 경우에는 집행관의 집행 시에 목적물이 특정된다. 그 외 보전명령 절차에는 특별한 사정이 없는 한 민사소송법이 준용된다(민사집행법 제23조).

2) 가압류는 소멸시효 중단 사유가 된다(민법 제168조). 민사소송을 제기하면 소제기 시에 소멸시효가 중단되는 것(민사소송법 제265조)과 같이 가압류의 집행이 개시되면 가압류 신청 시인 가압류 신청서가 법원에 접수된 때 피보전권리의 소멸시효가 중단된다. 그러나 집행에 착수하지 않은 이상 소멸시효 중단의 효력은 없다. 일단 가압류 집행에 착수한 이

상 가압류할 목적물이 없는 등 집행불능이 된 경우에는 가압류 신청서의 접수 시부터 소멸시효가 중단되었다가 집행절차가 집행불능 등으로 종료된 때로부터 다시 소멸시효가 새로이 진행된다. 그리고 집행보전의 효력이 계속되는 한 처분금지효가 유지되므로 소멸시효 중단의 효력은 판결 확정과 관계없이 계속된다. 이 점에 관하여 대법원[27]은 "민법 제168조에서 가압류를 시효중단사유로 정하고 있는 것은 가압류에 의하여 채권자가 권리를 행사하였다고 할 수 있기 때문인데 가압류에 의한 집행보전의 효력이 존속하는 동안은 가압류 채권자에 의한 권리행사가 계속되고 있다고 보아야 할 것이므로 가압류에 의한 시효중단의 효력은 가압류 집행보전의 효력이 존속하는 동안은 계속된다"고 판시하였다.

3) 민법 제168조에 의하면 가처분도 소멸시효 중단사유가 될 수 있는데, 부동산 매매 등으로 인한 소유권이전등기 청구권도 이를 보전하기 위한 처분금지가처분이 집행되면 위와 같이 가처분신청 시에 소멸시효가 중단된다. 그리고 민법 제247조에 의하여 민법 제168조는 취득시효 중단에도 준용된다. 그러므로 시효취득에서 진정한 소유자가 시효취득을 주장하는 사람을 상대로 그 부동산에 대하여 점유이전금지가처분을 하여 집행하면 취득시효가 중단된다. 그리고 시효취득 주장자가 이미 원인 무효의 소유권이전등기 등을 마친 경우 진정한 소유자가 그 말소등기청구권을 보전하기 위하여 처분금지가처분을 발령받아 집행을 하면 취득시효가 중단된다.

4) 일반적으로 민사소송을 제기한 이후에 피고가 본안에 관하여 준비서면을 제출하거나 변론준비기일에서 진술하거나 변론을 한 뒤에는 피고의 동의를 받아야 취하할 수 있다(민사소송법 제266조). 그러나 보전처분의 경우에는 그 성격상 채무자의 동의를 받지 않고 취하할 수 있다. 그리고 민사소송에서는 변론기일 등에 쌍방이 2회 불출석하는 등 일정

27 대법원 2011. 5. 13. 선고 2011다10044 판결.

한 경우에 소 취하간주가 되나(민사소송법 제268조, 제286조) 보전처분에서는 다음에서 보는 바와 같이 필수적 변론이 아닌 임의적 변론이므로 위 취하간주가 적용되지 않는다.

2. 보전처분신청의 심리

1) 서면심리의 원칙

민사집행법 제280조 제1항은 "가압류신청에 대한 재판은 변론 없이 할 수 있다"고 규정하고 있고, 이는 제301조에 의하여 가처분에 대한 재판에도 준용된다. 그러므로 법원은 경우에 따라 변론을 열 수도 있으나 이는 임의적 변론이므로 필수적 변론에 관한 민사소송법의 규정이 모두 준용되는 것은 아니다. 한편 민사소송법 제134조 제2항은 결정으로 완결할 사건에 관하여 변론을 열지 아니할 경우 당사자와 이해관계인, 그 밖의 참고인을 심문할 수 있다고 규정하고 있다. 따라서 당사자 등에게 의견 진술의 기회를 주는 심문(審問)을 할 수도 있으나 보통 가압류나 다툼의 대상에 관한 가처분에서는 신속성과 밀행성 때문에 변론이나 심문을 거치지 않고 서면심리만으로 결정을 하는 경우가 대부분이다.

2) 소명(疏明)

그리고 피보전권리나 보전의 필요성의 입증에 대하여 증명이 아닌 소명에 의한다는 점은 앞에서 본 바와 같다. 이러한 소명에 관하여 민사소송법 제299조 제1항은 "소명은 즉시 조사할 수 있는 증거에 의하여야 한다"고 규정하고 있다. 이러한 소명은 서면심리는 물론이고 변론이나 심문에서도 적용된다. 보통 입증에 필요한 서증에 의하여 소명한다.

제5절

보전처분신청에 대한 재판(裁判)

1. 신청을 배척하는 재판

보전처분신청이 당사자능력 등 소송요건을 갖추지 못하면 법원은 결정으로 신청을 각하하고, 피보전권리나 보전의 필요성이 없는 때에는 결정으로 신청을 기각한다. 이러한 신청을 배척하는 재판에 대하여는 채권자가 불복할 수 있다. 이 점에 관하여 민사집행법 제281조는 "① 가압류신청에 대한 재판은 결정으로 한다. ② 채권자는 가압류신청을 기각하거나 각하하는 결정에 대하여 즉시항고를 할 수 있다"고 규정하고 있다 그러므로 채권자는 위 배척하는 재판을 고지받은 날로부터 1주일 이내에 즉시항고를 제기할 수 있다(민사소송법 제444조).

2. 담보(擔保)에 관한 사항

1) 법원은 집행권원에 의한 강제집행과 달리 피보전권리의 존재에 대한 확정적 판단 없이 소명에 의하여 보전처분을 하는 것이므로 나중에 본안소송에서 피보전권리의 존재가 인정되지 않을 수 있다. 그렇게 되면 채무자는 보전처분으로 부당하게 손해를 입을 수 있으므로 보전처분

인용 시에 채무자가 입을 수 있는 손해를 회복할 수 있도록 담보를 제공하게 하는 것이 보통이다.

2) 담보액은 청구금액이나 목적물 가액을 기준으로 보통 부동산에 대한 점유이전금지가처분은 1/20, 부동산에 대한 가압류나 처분금지가처분은 1/10를 기준으로 하고 유체동산이나 채권에 대한 가압류나 처분금지가처분은 1/3 내지 4/5를 기준으로 삼는다. 물론 법원이 사정에 따라 탄력적으로 적용한다. 법원이 담보제공 명령을 하면서 현금 또는 법원이 인정하는 유가증권을 공탁하거나 대법원규칙이 정하는 바에 따라 지급을 보증하겠다는 위탁계약을 맺은 문서를 제출하는 방법으로 한다(민사소송법 제122조). 나중에 채권자가 본안소송에서 패소하면 채무자는 채권자의 부당집행에 대하여 손해배상을 청구할 수 있고 손해배상 채권에 관하여 담보물에 대하여 질권자와 동일한 권리를 가진다(민사소송법 제123조). 그러나 채무자가 채권자에 대하여 손해배상청구권을 가지기 위해서는 단순히 채권자가 본안소송에서 패소하는 것을 넘어 처분금지에 의하여 채무자가 입은 손해를 입증하여야 한다. 집행채권자가 본안소송에서 패소 확정되었다면 집행채권자에게 고의 또는 과실이 있다고 추정된다(대법원 1995. 4. 14. 선고 94다6529 판결).

3. 가압류명령

1) 기재례

000지방법원	
결　　정	
사　　건	2020카단000　부동산가압류
채 권 자	김갑동
	서울 000

채 무 자　　　이을남
서울 000

주　　문

채무자 소유의 별지 목록 기재 부동산을 가압류한다.
채무자는 다음 청구금액을 공탁하고 집행정지 또는 집행취소를 신청할 수 있다.

청구채권의 내용: 2019. 1. 10.자 매매대금
청구금액: 3억 원

이　　유

이 사건 부동산가압류신청은 이유 있으므로 담보로 공탁보증보험증권(00보증보험주식회사 증권번호 제 000호)을 제출받고 주문과 같이 결정한다.

2020. 3. 15.

판 사　0 0 0 (인)

2) 가압류명령의 재판은 변론을 열더라도 필수적 변론이 아니고 임의적 변론이므로 결정으로 하고, 위에서 본 바와 같이 피보전권리 및 청구금액을 기재한다. 이는 처분금지 효력의 범위와 관계됨은 앞에서 본 바와 같다. 그리고 주문에서 가압류를 선언하고, 지명채권에 대한 가압류에서는 본압류와 마찬가지로 제3채무자는 채무자에게 가압류를 할 채권에 관한 지급을 하여서는 아니 된다는 문구를 기재한다(민사집행법 제296조 제3항). 즉 주문례는 보통 "채무자의 제3채무자에 대한 별지 기재의 채

권을 가압류한다. 제3채무자는 채무자에게 위 채권에 관한 지급을 하여서는 아니 된다. 채무자는 다음의 청구금액을 공탁하고 가압류의 집행정지 또는 취소를 신청할 수 있다"이다. 본압류에서 하는 "채무자는 위 채권의 처분과 영수를 하여서는 아니 된다"의 처분금지 명령 등을 기재하지 않으나 가압류는 이를 당연히 전제로 하고 있다고 해석되고 있다.

3) 그리고 가압류에서 중요한 것은 해방공탁금의 기재로 민사집행법 제282조는 "가압류명령에는 가압류의 집행을 정지시키거나 집행한 가압류를 취소시키기 위하여 채무자가 공탁할 금액을 적어야 한다"고 규정하고 있다. 가압류는 금전채권을 보전하기 위한 것이므로 채무자가 집행 목적재산 대신 상당한 금액을 공탁하면 채권자는 보전처분의 목적을 달성한다. 이러한 금액을 해방공탁금이라고 하고, 채무자가 이러한 해방공탁금을 공탁한 때에는 법원은 결정으로 집행한 가압류를 취소하여야 한다(민사집행법 제299조 제1항). 물론 가압류집행 이전에 해방공탁금을 공탁하면 가압류의 결정 상태에서 집행이 정지되나 그러한 경우는 실무상 잘 발견되지 않는다. 그리고 실무상 청구금액을 해방공탁금으로 정하는 경우가 많다. 이러한 해방공탁금은 가압류의 집행취소 등으로 채무자가 입는 손해를 담보하는 담보제공과 달리 가압류 목적재산에 갈음하는 것이므로 가압류채권자에게 우선변제권이 없다.

4) 채무자가 해방공탁금을 공탁하면 가압류의 효력은 채무자의 공탁금회수청구권에 대하여 미친다. 그러므로 가압류채권자는 채무자의 위 공탁금회수청구권에 가압류를 한 것과 같아 나중에 집행권원을 얻어 위 회수청구권에 대하여 가압류에서 본압류로 이전하는 압류 및 추심명령 내지 전부명령을 받아 강제집행을 한다. 위 기재례에서 채무자는 3억 원을 공탁하면 법원은 가압류집행을 취소하고 채권자는 집행권원을 얻어 채무자의 제3채무자인 국가에 대하여 3억 원의 회수청구권에 대하여 압류 및 추심명령 내지 전부명령을 받아 집행한다. 반대로 가압류집행이 취소되는 때에는 채무자는 공탁금을 회수할 수 있다.

4. 다툼의 대상에 관한 가처분의 명령

1) 처분금지가처분 명령의 기재례

000지방법원

결 정

사 건 2020카단000 부동산처분금지가처분

채 권 자 김갑동

서울 000

채 무 자 이을남

서울 000

주 문

채무자는 별지 목록 기재 부동산에 관하여 양도, 전세권 · 저당권 · 임차권의 설정 기타 일체의 처분행위를 하여서는 아니 된다.

피보전권리의 내용: 2020. 1. 10. 매매를 원인으로 한 소유권이전등기청구권

이 유

이 사건 신청은 이유 있으므로 담보로 공탁보증보험증권(00보증보험주식회사 증권번호 제000호)을 제출받고 주문과 같이 결정한다.

2020. 3. 15.

판 사 000 (인)

2) 가처분의 재판도 가압류와 같이 결정이고, 그 기재도 가압류와 비슷하다. 그러나 가압류와 달리 청구금액이 없으나 피보전권리의 내용은 기재한다. 이 역시 처분금지 효력과 관련하여 중요하다. 가처분의 성격상 해방공탁금은 적용되지 않아 기재하지 않는다.

3) 가처분의 방법에 관하여 민사집행법 제305조는 "① 법원은 신청목적을 이루는 데 필요한 처분을 직권으로 정한다. ② 가처분으로 보관인을 정하거나, 상대방에게 어떠한 행위를 하거나 하지 말도록, 또는 급여를 지급하도록 명할 수 있다."고 규정하고 있다. 그런데 처분금지가처분 및 점유이전금지가처분에서는 채무자에게 주로 처분 내지 점유이전 금지를 명한다.

5. 보전처분을 명하는 재판의 효력

1) 가압류나 가처분을 인용하는 재판은 원래 채권자와 채무자에게 고지되어야 효력이 발생하나 집행력은 채무자에 대하여 고지되기 이전이라도 생긴다(민사집행법 제292조 제3항). 이는 보전처분의 내용을 미리 채무자에게 고지하면 채무자가 목적물을 타에 처분하는 등으로 집행을 방해할 염려가 있으므로 채무자가 고지받기 이전에 보전처분을 집행할 수 있도록 한 것이다.

2) 이러한 보전처분의 효력 중 가장 중요한 것은 집행력인데 본집행과 달리 집행문이 필요 없다. 보전처분을 한 이상 법원은 그 처분을 스스로 취소 내지 철회할 수 없는 구속력이 있고, 보전명령은 앞서 설명한 바와 같이 피보전권리의 범위 내에서 본안 이전에 잠정적으로 효력을 가지고 보전명령이 형식적으로 확정되더라도 사정변경 등이 있으면 취소될 수 있고, 무엇보다도 보전처분에 기판력이 발생하지 않는다.

제6절

보전처분의 집행(執行)

1. 보전처분의 집행의 의미 및 특징

1) 앞에서 본 바와 같이 가압류, 처분금지가처분명령은 채무자의 처분권을 제한하는 점에서 형성재판이라 할 수 있으나 형성재판이라고 하여 항상 제3자에게 효력이 미치는 대세효가 있는 것은 아니다. 그러므로 가압류, 처분금지가처분에서 채무자가 보전명령의 처분금지효에도 불구하고 제3자에게 목적물을 매도하는 등으로 처분하면 제3자는 처분금지효를 적용받지 않으므로 채권자에 대하여도 유효하게 권리를 취득하고 대항할 수 있다. 그러므로 가등기에서 순위보전이나 채권양도에서 확정일자 있는 통지나 승낙 등 제3자에 대한 대항요건에 비추어 이러한 보전명령의 처분금지효를 제3자에게 미치기 위해서는 보전명령의 부동산등기부 기입, 제3채무자에 대한 송달 등 집행이 필요하다. 이 점에 관하여 대법원[28]은 "아파트에 대한 분양금지 가처분결정을 받았다고 하더라도 그 가처분은 그 집행에 해당하는 등기에 의하여 비로소 가처분채무자 및 제3자에 대하여 구속력을 갖게 되는 것이므로 그 가처분등기가 경료되기 이전에 가처분채무자가 그 가처분의 내용에 위반하여 처분행위를

28 대법원 1997. 7. 11. 선고 97다15012 판결.

함으로써 이에 따라 제3자 명의의 소유권이전등기가 마쳐진 경우, 그 소유권이전등기는 완전히 유효하다"고 판시하였다. 이러한 집행이 되면 그 후 채무자의 처분금지 명령에 위반된 처분은 채권자에게 대항할 수 없어 본집행이 종료하면 위 처분은 확정적으로 무효화되거나 효력이 제한된다.

2) 보전처분의 집행은 위에서 본 바와 같이 보전처분 재판의 성립과 동시에 가능하고 보전처분 재판의 확정을 요하지 않는다. 집행문이 필요 없으나 집행 전에 당사자의 승계가 있을 경우 승계집행문이 필요하다(민사집행법 제292조 제1항). 그러나 집행 후에 당사자의 승계가 있는 경우에는 승계집행문이 없이 승계를 주장할 수 있다.

2. 집행기간

1) 보전처분의 집행은 채권자에게 재판을 고지한 날로부터 2주 내에 착수하여야 한다(민사집행법 제292조 제2항). 이는 보전처분의 발령 당시의 사정만을 고려하여 일시적, 잠정적으로 집행하는데 보전처분 발령 후 시간의 경과로 사정이 변경될 수 있으므로 언제까지라도 집행할 수 있으면 채무자에게 불리하여 부당하기 때문이다.

2) 보전처분이 채권자에게 고지된 날로부터 2주 이내에 집행에 착수하지 않으면 집행할 수 없고, 그 후에는 다시 보전처분의 재판을 받아야 한다. 이에 위반하면 이는 집행에 관한 이의사유가 될 수 있고 나중에 보는 바와 같이 보전처분의 이의나 취소의 사유가 된다.

3. 집행절차

본집행과 같이 부동산 가압류나 처분금지가처분은 그 기입등기를 촉탁하는 방법으로 한다(민사집행법 제293조 제3항, 제305조). 유체동산의 경우에는 본집행과 같이 집행관에게 집행을 위임하여 집행관이 유체동산 압류의 방식으로 한다. 지명채권에 대한 가압류 등의 집행도 본집행과 같은 방식으로 제3채무자에게 송달하는 방식으로 한다(민사집행법 제296조). 부동산이나 지명채권의 경우에는 보전처분을 신청할 때 집행의 신청이 있는 것으로 보고 보전처분 재판을 한 법원이 보통 위 재판과 동시에 집행한다. 점유이전금지가처분의 집행은 채권자가 집행관에게 위임하여 집행관이 집행한다.

제7절

각종 가압류와 그 집행의 효력 등

1. 부동산 가압류의 처분 금지와 상대효

1) 상대적 효력의 인적 범위

가) 위에서 설명한 바와 같이 부동산에 대하여 가압류를 하여 집행으로 가압류등기가 경료되면 그 후에는 채무자는 물론이고 제3자에게도 처분금지의 효력이 생긴다.

나) 앞의 민사집행 절차의 개관에서 설명한 바와 같이 채무자가 부동산을 타에 양도하여도 이는 무권리자의 처분에 해당하여 채권자에게 대항하지 못한다. 이러한 채무자의 처분은 절대적으로 무효이어서 가압류 신청이 취하되거나 그 집행이 취소되어도 계속 무효가 된다는 절대적 무효설도 있으나 통설과 판례는 상대적 무효설을 취한다. 이에 따르면 위 처분금지효는 채권자가 현상을 동결하여 나중에 본집행에서 목적물을 환가하여 금전적 만족을 얻는 데 그 목적이 있으므로 이러한 목적 달성에 필요한 범위를 넘어서까지 채무자의 처분행위를 막을 필요가 없기 때문에 채무자의 처분행위는 그 당사자 사이에는 유효하나 가압류채권자나 본집행에 참가하여 배당을 받는 배당채권자 사이에는 잠정적으로 무효가 된다. 이를 상대적 효력의 인적 범위라 한다.

다) 한편 위 상대효의 인적 범위에 관하여 채무자의 처분이 있어도 채

무자의 모든 채권자에 대하여 대항할 수 없다는 절차상대효설이 있다. 이에 따르면 채권자 갑이 을을 상대로 을 소유의 x부동산에 관하여 가압류명령을 발령받아 가압류등기를 마친 이후에 위 부동산이 병에게 소유권이전등기가 된 경우에 갑이 을에 대하여 집행권원을 얻어 가압류에 기하여 본압류를 하고 강제경매를 진행하는 경우 을의 채권자 정이 배당요구를 하여 배당에 참가할 수도 있다. 을의 병에 대한 위 부동산의 처분은 을의 채권자 정에게도 대항할 수 없기 때문이다.

라) 그러나 가압류등기 이후 채무자의 처분은 그 처분 이전에 가압류나 압류, 배당요구 등을 한 채권자들에게만 무효이고 제3자에게 소유권이전등기가 마쳐진 후에는 위 부동산은 채무자의 소유가 아니므로 채권자가 더 이상 가압류나 압류, 배당요구를 하여 배당에 참여할 수 없다는 개별상대효설이 있다. 앞에서 본 배당에서 우선주의와 평등주의 관점에서 보면 개별상대효설은 절차상대효설보다 우선주의 입장과 가깝다. 통설과 판례는 앞에서 본 바와 같이 배당에서 평등주의를 취하되 배당요구의 기한 및 배당요구 채권자의 범위를 제한하는 점 등 강제집행의 조속한 안정을 위하여 개별상대효설을 취하고 있다고 본다. 이렇게 되면 위 사례에서 정은 배당을 받을 수 없고 갑이 단독으로 배당을 받게 되어 갑에게 유리한 결과가 된다.

2) 상대적 효력의 물적 범위

가) 예를 들어 갑이 을 소유의 부동산(시가 2억 원)에 대하여 피보전권리(청구금액) 1억 원으로 하여 가압류집행을 마친 후 병에게 소유권이전등기가 마쳐지고 그 후 가압류에 기한 본압류를 하고 강제경매를 진행하여 정이 위 부동산을 매수하여 매각대금을 납부하였다면 위 부동산가액에서 청구금액이 차지하는 비율인 1/2지분이 아니라 위 부동산 전체에 대하여 병의 소유권이전등기가 말소되고 정에게 소유권이전등기가 마쳐진다. 즉 평등배당을 전제로 하는 가압류는 채무자의 부동산 전체에 대하여 하는 것이지 청구금액에 해당하는 지분에 대하여 하는 것

이 아니고, 그러므로 가압류의 처분금지효는 채무자의 부동산 전체에 미친다. 다만 배당 등 금전적인 문제에서는 채무자의 처분행위는 채권자의 피보전권리 범위 내에서 채권자에게 대항할 수 없는 잠정적 무효가 된다. 이를 들어 상대적 효력의 물적 범위라고 한다.

나) 위 사례에서 갑의 처분금지효가 시가 2억 원 중 피보전권리 1억 원에 한하여 미쳐 갑은 병의 소유권이전등기 시까지 집행에 참가한 다른 채권자가 없을 경우 갑은 1억 원 범위 내에서 우선적으로 배당을 받고, 나머지는 병에게 배당된다는 의미이다. 이러한 의미에서 제3자가 피보전권리만 변제하면 피보전권리가 소멸하여 가압류집행이 취소되는 것은 물론이고 그러한 취소 이전이라도 제3자는 위 채권자 등에게 대항하여 확정적으로 유효한 권리를 취득할 수 있다.

2. 처분금지효와 근저당권설정등기

1) 위에서 본 바와 같이 채무자 을 소유의 부동산에 대한 가압류등기 이후에 마쳐진 병의 소유권이전등기는 가압류채권자 갑에게 대항할 수 없어 채권자 갑의 가압류에 기한 본압류에 의하여 위 부동산에 관하여 강제경매가 진행되고 매각되어 매각대금이 납부되면 병의 위 소유권이전등기는 말소되게 된다. 그러나 병은 배당에서 남는 잉여금이 있으면 이를 배당받는다.

2) 그런데 채무자의 부동산에 대한 가압류등기 이후 제3자인 병이 소유권이전등기가 아닌 근저당권설정등기를 마친 경우에 가압류채권자 갑과 제3자 병 사이의 우열이 문제가 된다. 예를 들어 채권자 갑이 채무자 을에 대하여 1억 원의 대여금 채권이 있어 채무자 을 소유의 x부동산(시가 2억 원)에 대하여 가압류 신청을 하여 가압류등기(가압류집행)가 마쳐졌고, 그 후 병이 을에게 1억 원을 대여하고 담보로 위 부동산에 관하여 근저당권설정등기(채권최고액 1억 원)을 마쳤으며, 그 후 정이 을에 대

한 1억 원의 손해배상 채권에 기하여 위 부동산에 관하여 가압류등기를 마쳤고, 그 후 갑이 을에 대하여 집행권원을 얻어 위 가압류에서 본압류로 이전하는 압류 및 강제경매를 신청하여 강제경매가 진행된 결과 위 부동산이 A에게 2억 원에 매각되고 집행비용을 공제하여 배당할 금액이 1억 8,000만 원인 경우 어떻게 배당할 것인지 검토를 요한다.

3) 우선 병과 정은 강제경매개시결정 기입등기 이전에 근저당권설정등기와 가압류등기를 마쳤으므로 앞에서 본 바와 같이 별도로 배당요구를 하지 않아도 배당절차에 참가한다. 이 경우 채권자 갑과 근저당권자 병, 가압류채권자 정의 우열에 관하여 대법원[29]은 "부동산에 대하여 가압류등기가 먼저 되고 나서 근저당권설정등기가 마쳐진 경우에 그 근저당권등기는 가압류에 의한 처분금지의 효력 때문에 그 집행보전의 목적을 달성하는 데 필요한 범위 안에서 가압류채권자에 대한 관계에서만 상대적으로 무효이다. 위 경우 가압류채권자와 근저당권자 및 근저당권설정등기 후 강제경매신청을 한 압류채권자 사이의 배당관계에 있어서, 근저당권자는 선순위 가압류채권자에 대하여는 우선변제권을 주장할 수 없으므로 1차로 채권액에 따른 안분비례에 의하여 평등배당을 받은 다음, 후순위 경매신청압류채권자에 대하여는 우선변제권이 인정되므로 경매신청압류채권자가 받을 배당액으로부터 자기의 채권액을 만족시킬 때까지 이를 흡수하여 배당받을 수 있다"고 판시하였다. 이에 따르면 가압류등기 이후 소유권이전등기를 마친 소유자와 달리 근저당권자는 가압류채권자보다 후순위로 배당을 받는 것이 아니라 담보물권의 특성상 우선권은 없으나 평등하게 배당을 받는다. 이에 대하여 가압류권자가 우선한다는 반대설도 있다.

4) 위 판례의 법리에 따르면 갑과 병은 평등하고, 갑과 정도 평등하나 병은 정에게 우선한다. 그러므로 갑과 병, 정은 각 채권액에 비례하여

29 대법원 1994. 11. 29.자 94마417 결정.

평등하게 배당을 받되 병이 그 채권 중 배당받지 못한 채권 범위 내에서 정의 채권을 흡수하게 된다. 이를 안분흡수설이라 한다. 그러므로 위 배당할 금액 1억 8,000만 원을 각 채권액에 비례하여 평등하게 안분하면 갑, 병, 정이 각각 6,000만 원씩 배당받고, 병이 자신의 채권액인 1억 원에 달할 때까지 정의 배당금액을 흡수하게 되어 결국 갑은 6,000만 원, 병은 1억 원을 배당받고, 정은 2,000만 원을 배당받는다.

3. 제3취득자의 지위

1) 예를 들어 갑이 을에 대하여 1억 원의 채권을 피보전권리로 하여 을의 부동산(시가 2억 원)에 대하여 가압류등기를 마친 이후에 병이 을로부터 위 부동산을 매수하여 소유권이전등기를 마쳤다면 갑이 처분금지효의 물적 범위인 피보전권리 1억 원의 범위 내에서 병에게 우선권을 주장할 수 있음은 앞에서 본 바와 같다. 그러므로 병이 1억 원을 변제하면 위 가압류의 처분금지효는 소멸되어 제3자이의의 소나 뒤에서 보는 가압류이의 내지 취소 등으로 가압류집행이 취소된다. 앞에서도 설명한 바와 같이 가압류의 경우에는 본압류와 달리 청구이의의 소가 필요 없고 피보전권리의 소멸로 그 집행력은 소멸하기 때문이다.

2) 그리고 갑이 가압류에 기한 본압류를 하여 강제경매가 진행된 경우 갑이 을에게 다른 채권이 있어도 위 1억 원 이외에는 배당에 참가할 수 없으므로 나머지는 병에게 배당되고, 병의 다른 채권자가 배당요구를 하여 경매에서 배당받을 수도 있다. 이 점에 관하여 대법원[30]은 "부동산에 대한 가압류집행 후 가압류목적물의 소유권이 제3자에게 이전된 경우 가압류채권자는 집행권원을 얻어 제3취득자가 아닌 가압류채무자를

30 대법원 2005. 7. 29. 선고 2003다40637 판결.

집행채무자로 하여 그 가압류를 본압류로 이전하는 강제집행을 실행할 수 있으나, 이 경우 그 강제집행은 가압류의 처분금지적 효력이 미치는 객관적 범위인 가압류결정 당시의 청구금액의 한도 안에서만 집행채무자인 가압류채무자의 책임재산에 대한 강제집행절차라 할 것이고, 나머지 부분은 제3취득자의 재산에 대한 매각절차라 할 것이므로, 제3취득자에 대한 채권자는 그 매각절차에서 제3취득자의 재산 매각대금 부분으로부터 배당을 받을 수 있다"고 판시하였다.

4. 소유권이전등기청구권에 대한 가압류와 집행

1) 예를 들어 갑이 을에 대하여 1억 원의 대여금 채권이 있고, 을이 병으로부터 x토지를 매수하여 소유권이전등기청구권이 있는 경우에 갑은 위 대여금 채권을 피보전권리로 하여 을의 병에 대한 소유권이전등기청구권을 가압류할 수 있다. 이 경우 주문례는 보통 "채무자 을의 제3채무자 병에 대한 x토지에 대한 소유권이전등기청구권을 가압류한다. 제3채무자는 채무자에게 위 부동산에 관한 소유권이전등기절차를 이행하여서는 아니 된다. 채무자는 다음 청구금액을 공탁하고 가압류의 집행정지 또는 취소를 신청할 수 있다"이다. 이는 부동산 자체가 아닌 소유권이전등기청구권이란 채권에 대하여 가압류를 하는 것이므로 그 집행도 병에 대하여 송달하는 것으로 하고 등기부에 기입할 수는 없다. 따라서 집행이 되어도 위에서 본 바와 같이 채권에 대한 집행이므로 부동산 자체에 대한 대물적 효력은 없다. 그 후 갑이 을에 대하여 집행권원을 얻어 본집행을 하게 되는데 소유권이전등기청구권 자체를 환가하는 것이 아니라 병으로 하여금 을에게 위 소유권이전등기를 마치게 하고 갑은 그 부동산에 대하여 강제경매를 신청하여 집행한다(민사집행법 제244조).

2) 그런데 위 사례에서 채권자 갑의 가압류에도 불구하고 채무자 을이 제3채무자 병에 대하여 소유권이전등기절차의 이행을 청구할 수 있는지

문제가 된다. 이에 대하여 대법원[31]은 "소유권이전등기청구권에 대한 압류나 가압류는 채권에 대한 것이지 등기청구권의 목적물인 부동산에 대한 것이 아니고, 채무자와 제3채무자에게 그 결정을 송달하는 외에 현행법상 등기부에 이를 공시하는 방법이 없는 것으로서, 당해 채권자와 채무자 및 제3채무자 사이에만 효력이 있을 뿐 압류나 가압류와 관계가 없는 제3자에 대하여는 압류나 가압류의 처분금지적 효력을 주장할 수 없게 되므로, 소유권이전등기청구권의 압류나 가압류는 청구권의 목적물인 부동산 자체의 처분을 금지하는 대물적 효력은 없고, 또한 채권에 대한 가압류가 있더라도 이는 채무자가 제3채무자로부터 현실로 급부를 추심하는 것만을 금지하는 것이므로 채무자는 제3채무자를 상대로 그 이행을 구하는 소송을 제기할 수 있고 법원은 가압류가 되어 있음을 이유로 이를 배척할 수는 없는 것이지만, 소유권이전등기를 명하는 판결은 의사의 진술을 명하는 판결로서 이것이 확정되면 채무자는 일방적으로 이전등기를 신청할 수 있고 제3채무자는 이를 저지할 방법이 없게 되므로 위와 같이 볼 수는 없고 이와 같은 경우에는 가압류의 해제를 조건으로 하지 않는 한 법원은 이를 인용하여서는 안 되는 것이므로 위 가압류의 해제를 조건으로 하여야만 소유권이전등기절차의 이행을 명할 수 있다"고 판시하였다. 그러므로 금전 채권에 대한 가압류와 달리 가압류 해제조건부 판결을 하여야 한다.

3) 위 법리에 비추어 정이 위 가압류 상태에서 제3채무자 병으로부터 위 토지를 매수하여 소유권이전등기를 마쳐도 갑에게 대항할 수 있어 위 등기는 원인무효의 등기가 아니므로 갑은 정에 대하여 위 등기의 말소를 청구할 수 없다(대법원 1992. 11. 10. 선고 92다4680 전원합의체 판결). 다만 병은 을에 대한 소유권이전등기 의무를 이행할 수 없으므로 을은 이러한 이행불능으로 인한 손해배상청구권을 가지고 갑의 위 소유권이전

31 대법원 1999. 2. 9. 선고 98다42615 판결.

등기청구권에 대한 가압류의 효력은 위 청구권의 변형물인 을의 손해배상청구권에게도 미친다. 그러나 병이 을에게 위 소유권이전등기를 마쳐 주어 제3채무자로서 변제금지 의무에 위반하여도 갑이 위 부동산을 가압류 내지 압류하면 되므로 을의 위 등기를 말소할 수는 없으나 을이 다른 제3자인 무에게 매도하여 소유권이전등기를 마쳐 주면 갑은 더 이상 위 부동산을 가압류 내지 압류를 못하므로 병에 대하여 불법행위로 인한 손해배상을 청구할 수 있다(대법원 1998. 5. 29. 선고 96다11648 판결). 그리고 비슷한 취지에서 을의 병에 대한 위 소송에서 병이 가압류의 존재를 주장하지 않는 등 응소하지 않아 병이 을에게 소유권이전등기절차를 이행하라는 단순 이행 승소의 판결이 선고되어 확정된 다음 위 부동산이 을을 거쳐 제3자인 A에게 소유권이전등기가 마쳐지면 병은 갑에게 불법행위로 인한 손해배상 책임을 진다(대법원 2000. 2. 11. 선고 98다35327 판결).

5. 기 타

1) 부동산이나 유체동산에 대한 가압류 집행의 효력은 본압류와 마찬가지로 부합물, 종물, 종된 권리에도 미친다. 그러나 부동산에 대한 가압류집행 이후에 부동산이 수용되면 물상대위가 인정되지 않아 수용보상금 채권에 미치지 않는다(대법원 2004. 4. 16. 선고 2003다64206 판결 등). 그러므로 다시 수용보상금 채권에 대하여 가압류를 하여야 한다.

2) 지명채권에 대한 가압류도 압류와 마찬가지로 제3채무자에게 가압류결정이 송달된 때 그 집행의 효력이 발생한다(민사집행법 제296조, 제227조 제3항). 가압류집행이 된 이상 채무자는 처분할 수 없고, 제3채무자가 변제할 수 없다. 이는 본압류와 동일하다. 그리고 예를 들어 갑이 을에 대한 집행권원으로 을의 병에 대한 대여금 채권을 가압류집행한 이후에 정이 을의 병에 대한 채권을 양도받은 경우에도 본압류와 동일하게 정

은 병을 상대로 양수금 지급 청구 소송을 하여 전부 승소할 수 있다. 물론 가압류집행이 취하되거나 취소되지 않는 이상 집행을 할 수는 없다. 이 점에 관하여 위 대법원 99다23888 판결은 "일반적으로 채권에 대한 가압류가 있더라도 이는 가압류채무자가 제3채무자로부터 현실로 급부를 추심하는 것만을 금지하는 것이므로 가압류채무자는 제3채무자를 상대로 그 이행을 구하는 소송을 제기할 수 있고, 법원은 가압류가 되어 있음을 이유로 이를 배척할 수 없는 것이며, 채권양도는 구 채권자인 양도인과 신 채권자인 양수인 사이에 채권을 그 동일성을 유지하면서 전자로부터 후자에게로 이전시킬 것을 목적으로 하는 계약을 말한다 할 것이고, 채권양도에 의하여 채권은 그 동일성을 잃지 않고 양도인으로부터 양수인에게 이전된다 할 것이며, 가압류된 채권도 이를 양도하는 데 아무런 제한이 없으나, 다만 가압류된 채권을 양수받은 양수인은 그러한 가압류에 의하여 권리가 제한된 상태의 채권을 양수받는다고 보아야 할 것이다"고 판시하였다. 나머지 법리도 본압류의 경우와 동일하다. 다만 차이는 가압류집행은 현상을 동결하고 그 이상의 집행을 할 수 없으나, 본압류는 현상을 동결함과 동시에 채무자의 처분을 무시하고 추심명령, 전부명령을 얻어 현금화 절차를 진행할 수 있음이 다르다.

6. 본집행으로의 이전(移轉)

1) 앞에서 살펴본 바와 같이 가압류는 금전채권의 집행을 보전하기 위한 처분으로 가압류집행 이후 채권자는 집행권원을 얻어 부동산에 대하여는 강제경매개시결정을 하여 경매를 진행하는데 강제경매개시결정을 함으로써 가압류에서 본압류로 이전한다. 그리고 채권에 대하여는 가압류에서 본압류로 이전하는 압류 및 추심명령 또는 전부명령을 하여 집행을 한다. 이러한 가압류에 기한 본압류를 하면 가압류집행 시점을 기준으로 한 처분금지효가 계속 유지되므로 처음부터 본집행을 한 것과

비슷한 효력이 생긴다. 가등기의 순위보전 효력과 유사하다. 부동산에 대한 가압류집행 이후의 채무자 처분으로 인한 후순위 등기 등은 부동산에 대한 매각대금 납부 시 모두 소멸하여 말소된다.

2) 채권에 대한 가압류에서 본집행으로 이전할 때의 주문은 보통 "채권자와 채무자 사이의 00지방법원 000호 가압류결정에 의하여 별지 기재 채권에 관한 가압류는 이를 본압류로 이전한다"이다. 채권자는 집행권원을 얻어 가압류에서 본압류로 이전하는 압류 및 추심명령 또는 전부명령을 함께 발령받는 것이 대부분이다. 이 경우에도 위 부동산에 가압류의 처분금지효와 마찬가지로 가압류명령의 효력이 발생하는 결정이 제3채무자에게 송달된 이후에 한 채무자의 양도 등 처분은 채권자의 피압류채권의 추심이나 전부명령의 확정 시에 모두 소멸함은 앞에서 본 바와 같다. 예를 들어 갑은 을의 대여금 채권자이고 을은 병에 대한 매매대금 채권자이어서 갑이 을을 채무자, 병을 제3채무자로 하여 가압류집행(병에 대한 송달)을 하였는데 그 후 을이 병에 대한 위 채권을 정에게 양도하고 확정일자 있는 증서로 병에게 양도통지(병에 대한 도달 포함)를 하였으나 그 후 갑이 을에 대하여 집행권원을 얻어 을을 채무자, 병을 제3채무자로 하여 위 가압류에서 본압류로 이전하는 압류 및 전부명령을 받아 전부명령이 확정된 경우 을이 정에게 한 위 양도는 확정적으로 실효된다. 갑이 전부명령 대신 추심명령을 받아 병으로부터 위 대여금을 추심한 경우에도 을이 정에게 한 위 양도는 확정적으로 실효된다.

제8절

처분금지가처분과 그 집행의 효력 등

1. 부동산에 대한 처분금지효

1) 위에서 본 바와 같이 부동산에 대한 처분금지가처분의 집행은 가처분의 등기를 기입하여 한다. 그 이후의 등기는 가처분집행의 처분금지효에 의하여 가처분권자에게 대항할 수 없는 잠정적 무효가 되므로 가처분채권자는 본집행을 하면서 가처분집행에 위반되는 등기를 말소할 수 있다.

2) 위 처분금지효도 가압류와 마찬가지로 상대효가 있어 채무자의 처분은 가처분권자에 대하여 대항할 수 없고, 상대방 및 제3자 사이에서는 완전히 유효하게 된다. 예를 들어 갑이 을로부터 을 소유의 x토지를 매수하여 위 토지에 대하여 처분금지가처분결정을 받아 그 기입등기를 마친 이후에 병이 을로부터 위 토지를 매수하여 소유권이전등기를 마친 경우에 갑이 을을 상대로 소유권이전등기절차 이행을 명하는 확정판결을 받아 소유권이전등기를 마치면서 병의 위 소유권이전등기를 말소할 수 있으나 그 이전에는 위 토지의 소유권은 병에게 있어 정이 위 토지를 무단 점유하고 있다면 병은 정에게 위 토지의 인도와 토지의 사용, 수익에 따른 부당이득반환 등을 청구할 수 있다. 그러나 갑의 가처분집행이 취소되면 병은 제한 없는 완전한 소유권을 취득한다.

3) 그리고 채무자와 제3취득자는 가압류와 마찬가지로 가처분권자의 피보전권리 범위 내에서 가처분권자에게 대항할 수 없다. 이를 실체적 효력이라 한다. 그러므로 위 사례를 변형하여 갑이 을에 대하여 위 부동산에 관하여 근저당권설정계약을 체결하여 근저당권설정등기청구권을 피보전권리로 하여 이를 보전하기 위하여 처분금지가처분결정을 받아 기입등기를 마쳤고 그 후 근저당권설정등기의 이행을 명하는 확정판결을 받아 근저당권설정등기를 마치는 경우에는 가처분등기 이후에 마쳐진 제3취득자 병의 소유권이전등기는 근저당권설정등기와 양립할 수 있으므로 위 소유권이전등기는 말소되지 않고 다만 갑의 근저당권설정등기의 효력이 미치는 소유권이전등기로 남는다.[32] 따라서 갑은 위 부동산에 대하여 담보권 실행을 위한 경매를 청구하여 우선변제를 받을 수 있다.

2. 피보전권리가 없는 처분금지가처분의 효력

1) 가압류와 마찬가지로 처분금지가처분의 처분금지효도 위에서 본 바와 같이 피보전권리 범위 내에서 인정되므로 피보전권리가 없거나 소멸하면 처분금지효도 발생하지 않거나 소멸한다. 예를 들어 갑이 을을 상대로 을의 x부동산에 관하여 매매로 인한 소유권이전등기청구권을 보전하기 위하여 처분금지가처분 결정을 받아 그 기입등기를 마친 이후에 병이 을로부터 위 부동산을 매수하여 소유권이전등기를 마쳤으나, 갑과 을이 위 매매사실이 없음에도 통정하여 갑이 을에 대하여 소유권이전등기절차 이행청구 소송을 제기하고 을은 자백하여 갑 승소의 확정판결을

32 부동산등기법 제95조(가처분에 따른 소유권 외의 권리 설정등기)는 "등기관이 제94조 제1항에 따라 가처분채권자 명의의 소유권 외의 권리 설정등기를 할 때에는 그 등기가 가처분에 기초한 것이라는 뜻을 기록하여야 한다"고 규정하고 있다.

받아 갑의 소유권이전등기를 마쳤고 병의 위 소유권이전등기가 말소된 경우에 갑에게 처분금지가처분할 피보전권리는 없으므로 갑은 을과 병에 대하여 처분금지효를 주장할 수 없다.

2) 그러므로 갑이 위와 같이 확정판결을 받아도 병에 대하여 처분금지효에 기한 말소등기를 청구할 수 없음에도 병의 위 소유권이전등기는 잘못 말소되었고, 병은 여전히 위 부동산의 소유권을 가진다. 그리고 병이 위 확정판결의 변론종결 후의 승계인도 아니므로 병에게 위 판결의 기판력이 미치는 것도 아니다. 따라서 병은 위 부동산의 소유자로서 갑을 상대로 위 소유권이전등기의 말소등기를 청구할 수 있고, 그 말소등기가 마쳐지면 병의 소유권이전등기를 회복할 수 있다.

3. 대위에 의한 처분금지가처분

1) 예를 들어 x토지는 갑의 소유이고 을이 갑으로부터 x토지를 매수하였는데. 그 후 병은 을로부터 위 토지를 다시 매수한 경우, 즉 갑→을→병인 경우 병은 을에 대하여, 을은 갑에 대하여 각각 소유권이전등기 청구권을 가지는데 을이 아무런 조치를 하지 않으면 병은 을을 대위하여 갑에 대하여 위 토지에 관하여 처분금지가처분을 신청하여 발령받아 집행할 수 있다. 이때 병의 을에 대한 소유권이전등기청구권은 채권자 대위권의 피보전채권으로 소송요건에 불과할 뿐이어서 위 가처분의 피보전권리는 병의 을에 대한 소유권이전등기청구권이 아니라 을의 갑에 대한 소유권이전등기청구권이므로 갑이 제3자인 A에게 위 토지를 매도하여 소유권이전등기를 마치면 을에게 대항할 수 없다. 그러므로 병은 을을 대위하여 갑을 상대로 을에 대하여 소유권이전등기절차의 이행을 명하는 확정판결을 받아 을 앞으로 소유권이전등기를 마치면서 A 앞으로 마쳐진 소유권이전등기를 말소할 수 있다. 그런데 위 사례에서 가처분집행 이후 갑이 을에게 소유권이전등기를 마쳤다면 이는 가처분의

피보전권리를 실현하는 것으로 처분금지효에 위배되지 않고 처분금지가처분의 목적에 부합하여 유효하므로 그 후 을이 제3자 정에게 매도하여 소유권이전등기를 마친 경우에 병은 정에게 위 등기의 말소를 청구할 수 없다.

2) 이 점에 관하여 대법원[33]은 "부동산의 전득자(채권자)가 양수인 겸 전매인(채무자)에 대한 소유권이전등기청구권을 보전하기 위하여 양수인을 대위하여 양도인(제3채무자)을 상대로 처분금지가처분결정을 받아 그 등기를 마친 경우 그 가처분은 전득자가 자신의 양수인에 대한 소유권이전등기청구권을 보전하기 위하여 양도인이 양수인 이외의 자에게 그 소유권의 이전 등 처분행위를 못하게 하는 데에 그 목적이 있는 것으로서 그 피보전권리는 양수인의 양도인에 대한 소유권이전등기청구권이고, 전득자의 양수인에 대한 소유권이전등기청구권까지 포함되는 것은 아닐 뿐만 아니라 그 가처분결정에서 제3자에 대한 처분을 금지하였다고 하여도 그 제3자 중에는 양수인은 포함되지 아니하며 따라서 그 가처분 이후에 양수인이 양도인으로부터 소유권이전등기를 넘겨받았고 이에 터잡아 다른 등기가 경료되었다고 하여도 그 각 등기는 위 가처분의 효력에 위배되는 것이 아니다"고 판시하였다. 한편 위 사례에서 정이 병으로 다시 위 토지를 전전 매수한 경우 즉 갑→을→병→정인 경우 정은 병과 을을 순차 대위하여 갑을 상대로 처분금지가처분결정을 받아 집행한 경우 그 피보전권리는 을의 갑에 대한 소유권이전등기청구권이므로 갑이 을이 아닌 병에게 중간생략등기로 직접 소유권이전등기를 마친 경우 이는 위 처분금지효에 위반하여 그 후 정이 병, 을을 순차 대위하여 갑을 상대로 을에 대하여 소유권이전등기절차의 이행을 명하는 승소확정판결을 받은 경우에 병의 위 소유권이전등기를 말소하고 을 앞으로 소유권이전등기를 마칠 수 있다(대법원 1998. 2. 13. 선고 97다47897 판

33 대법원 1994. 3. 8. 선고 93다42665 판결.

결). 그 후 정은 다시 을로부터 병을 거쳐 정 앞으로 소유권이전등기를 마치면 된다.

4. 당사자항정효(當事者恒定效)

1) 예를 들어 갑 소유의 x토지에 대하여 을이 관계 서류를 위조하여 을 앞으로 소유권이전등기를 마쳐 갑이 을을 상대로 위 소유권이전등기 말소등기절차 이행을 구하는 소를 제기하였으나 소송 도중에 을에서 병으로 소유권이전등기를 마친 경우에 병이 위 소송에 승계참가 내지 승계인수하여야 을은 물론 병에 대하여 각 말소등기 판결을 받을 수 있다. 병이 그러한 승계를 하지 않은 이상 을에 대한 말소등기 판결의 효력은 병에 대하여 미치지 않는다. 이를 소송 승계주의(承繼主義)라 한다. 반대로 병의 승계참가 등이 없어도 을을 상대로 한 판결의 효력이 병에게 미치는 것을 소송 항정주의(恒定主義)라 하는데 민사소송법은 승계주의를 취하고 있다. 물론 병이 위 소송의 변론종결 이후에 소유권이전등기를 마친 경우에는 확정판결의 기판력이 미쳐 갑은 병에 대하여 승계집행문을 부여받아 병의 등기를 말소할 수 있다. 그런데 갑이 을을 상대로 위 말소등기청구권을 피보전권리로 하여 처분금지가처분결정을 받아 집행을 한 경우 그 이후에 병, 정 등으로 순차 소유권이전등기가 마쳐져도 갑은 을을 상대로만 말소등기청구 소송을 제기하여 승소확정판결을 받으면 위에서 본 바와 같이 을, 병, 정의 소유권이전등기를 전부 말소할 수 있다. 이와 같이 가처분 채권자가 가처분채무자를 상대로 본안의 소를 제기하여 승소확정판결을 받으면 처분금지효에 의하여 가처분집행에 저촉되는 등기를 말소하여 그 권리를 실현할 수 있다. 그러므로 이와 같이 가처분집행을 하면 가처분 채무자를 피고로 항정(恒定), 즉 고정하여 본안 소송을 제기하면 된다. 이를 당사자항정효라 한다. 가처분을 집행하면 그 이후의 부동산 취득자 등에 대하여는 마치 항정주의를 취한 것

과 비슷한 결과가 된다.

2) 이러한 당사자항정효는 갑이 을로부터 위 토지를 매수한 이후에 처분금지가처분결정을 받아 집행한 이후에 을이 병, 정에게 순차로 소유권이전등기를 마쳐 주거나 근저당권설정등기 등을 마쳐 준 경우에도 적용된다. 그러므로 갑은 을만을 피고로 하여 소유권이전등기절차 이행청구의 승소 확정 판결을 받으면 위에서 본 바와 같이 갑 앞으로 소유권이전등기를 마치면서 그 이후의 병, 정 등의 소유권이전등기나 근저당권설정등기를 말소할 수 있다.

5. 채권의 추심 및 처분금지가처분

1) 예를 들어 갑이 을에 대하여 가지는 1억 원의 대여금 채권을 병에게 양도하였으나 을에게 위 양도를 확정일자 있는 증서로 통지하지 않으면 그 후 갑이 정에게 위 채권을 양도하고 을에게 양도를 내용증명 등 확정일자 있는 증서로 통지하여 위 통지가 을에게 도달하면 갑의 을에 대한 채권은 정에게 귀속하고 병의 위 양도는 실효된다.

2) 그러므로 병은 갑이 위와 같은 확정일자 있는 증서로 통지하지 않을 때는 병은 갑에 대하여 확정일자 있는 증서에 의한 양도통지 이행을 청구할 수 있으므로 병은 이러한 양도통지 이행청구권을 피보전권리로 하여 갑에 대하여 을에 대한 채권을 추심하거나 처분하지 못하도록 갑을 채무자, 을을 제3채무자로 하여 위 가처분을 신청하여 발령받을 수 있다. 위 가처분 결정은 제3채무자인 을에게 송달하여 집행하고 위 송달 시 집행의 효력이 생긴다. 주문례는 채권 압류와 유사하게 보통 "채무자는 제3채무자로부터 별지 기재 채권을 추심하거나 타인에게 양도, 질권설정, 그 밖에 일체의 처분을 하여서는 아니 된다. 제3채무자는 채무자에게 위 채권을 지급하여서는 아니 된다"이다.

3) 위 가처분의 집행 효력이 발생하면 추심금지효에 의하여 제3채무

자는 채무자에게 그 채권을 변제하여 채권자에게 대항할 수 없고, 채무자가 가처분에 위반하여 제3채무자에 대한 채권을 양도하여도 처분금지효에 의하여 채권자에게 대항할 수 없어 잠정적 무효가 된다. 위 사례에서 병의 가처분집행 이후 갑이 을에 대한 위 채권을 정에게 양도하고 확정일자 있는 증서로 통지하여도 병이 갑을 상대로 본안 소송으로 "피고 갑은 소외 을에 대한 위 채권에 관하여 0년 0월 0일 원고 병에게 양도하였다는 취지의 통지절차를 이행하라"는 확정판결을 받아 을에게 확정판결을 제시하면 확정일자 있는 증서에 의한 통지가 이루어진 것과 같은 결과가 됨은 앞서 의사표시 진술에 관한 집행에서 본 바와 같다. 그리고 가처분의 집행에 뒤지는 병의 양도는 확정적으로 무효가 된다. 이러한 가처분은 채권 양도에 관하여 무효 내지 취소의 사유가 있는지 등 채권 귀속에 관하여 다툼이 있거나 강제집행에서 배당금의 귀속을 둘러싸고도 활용된다. 이러한 가처분이 집행되면 그 후에 다른 채권자의 가압류가 있어도 이에 앞선다(대법원 2014. 6. 26. 선고 2012다116260 판결). 그 결과 가처분권자가 위와 같은 본안소송을 제기하여 확정판결을 받아 집행을 하면 가처분권자가 독점적으로 채권을 양도받아 추심할 수 있다.

6. 본집행으로의 이전

1) 위와 같은 처분금지가처분의 본안소송은 소유권이전등기절차 이행청구의 소 등 주로 의사표시 진술에 관한 청구이므로 위 소송에서 승소 확정판결을 받는 등 집행권원을 가지면 금전채권에 관한 가압류와 달리 비금전채권에 관한 집행이므로 본압류가 없고 곧바로 본집행인 의사표시의무 집행 등으로 이루어진다. 이 경우에도 처분금지효는 가압류와 마찬가지로 가처분집행 시점을 기준으로 이루어지고 가등기의 순위보전효와 유사하다는 점은 앞에서 설명한 바와 같다.

2) 그러므로 가처분 채권자가 소유권이전등기절차의 이행을 명하는

확정판결을 받아 그 본집행으로 채권자가 소유권이전등기의 신청과 동시에 가처분집행 이후에 마쳐진 등기의 말소를 신청하면 등기관은 위 가처분에 위반된 등기를 말소하고 채권자 앞으로 소유권이전등기를 한다(부동산등기법 제94조). 예를 들어 갑이 을로부터 을 소유의 x부동산을 매수하여 처분금지가처분집행을 한 후 병이 을로부터 위 부동산을 매수하여 소유권이전등기를 마치거나 병이 을에게 돈을 대여하고 근저당권설정등기를 마친 경우에 갑이 을을 상대로 집행권원을 얻어 소유권이전등기를 하면서 병의 위 각 등기를 말소할 수 있다.

3) 그러나 근저당권설정등기청구권 등 제한물권을 피보전권리로 하는 가처분과 같이 소유권이전등기 등과 양립할 수 있을 때에는 가처분에 위반된 등기를 말소하지 않고 순위만 가처분권자에게 뒤지는 것으로 한다는 점은 앞에서 설명한 바와 같다.

제9절

부동산에 대한 점유이전금지가처분과 그 집행의 효력

1. 가처분의 발령과 집행

앞에서 본 인도청구권을 보전하기 위한 부동산에 대한 점유이전금지가처분결정의 주문례는 보통 “채무자는 별지 목록 기재 부동산에 대한 점유를 풀고 이를 채권자가 위임하는 집행관에게 인도하여야 한다. 집행관은 현상을 변경하지 아니할 것을 조건으로 하여 채무자에게 사용하게 하여야 한다. 채무자는 그 점유를 타인에게 이전하거나 점유명의를 변경하여서는 아니 된다”이다. 채권자가 채무자에 대한 인도청구권을 보전하기 위하여 위와 같은 점유이전금지가처분결정을 받은 다음 집행관에게 집행을 신청하여 집행관이 위와 같이 점유하고 이를 공시함으로써 집행한다. 위 공시는 공시서를 목적물의 적당한 곳에 붙이고 채무자에게 고지하는 방식으로 한다. 집행관의 공시는 가처분의 효력 발생 요건도 아니고 존속 요건도 아니나 공시서를 손괴하거나 채무자가 점유이전금지가처분의 목적물에 대한 점유를 타에 이전하는 등으로 점유를 변경하면 형법 제140조의 “공무원이 그 직무에 관하여 실시한 압류 기타 강제처분의 표시를 손상 또는 기타 방법으로 그 효용을 해하는 것”에 해당하여 공무상비밀표시무효죄가 성립할 수 있다(대법원 2004. 10. 28. 선고

2003도8238 판결).

2. 가처분집행의 효력

1) 점유이전 및 현상변경 금지효

점유이전금지가처분이 집행되면 목적물의 현상을 변경할 수 없고 타인에게 점유이전을 할 수 없는 점유이전 및 현상변경 금지효가 발생한다. 그런데 법률행위를 금지하는 처분금지가처분과 달리 사실행위인 점유이전 등을 금지하는 점유이전금지가처분에 위반된 행위에 대하여 어떤 효력이 발생하는지 문제가 된다. 이에 대하여 다양한 학설이 있으나 기본적으로 대법원 판례의 입장에 따라 설명하기로 한다.

2) 객관적 현상의 변경

예를 들어 갑이 을에게 x부동산을 임대하여 그 임대차가 기간만료로 종료하였으나 을이 갑에게 원상회복으로 위 부동산을 인도하지 못하여 갑이 점유이전금지가처분을 받아 집행한 경우에 을은 현상의 변경으로 갑에게 대항할 수 없으므로 을이 위 부동산에 유익비를 지출하여도 을은 갑에게 유익비상환청구권에 기한 유치권을 주장할 수 없다.

3) 주관적 현상의 변경—당사자항정효

가) 위 사례에서 점유이전금지가처분집행 이후에 을이 그 점유를 병에게 이전하여도 그 점유이전으로 갑에게 대항할 수 없다. 그러나 점유이전금지 가처분만으로 병의 점유를 배제할 수 없다. 다만 점유의 이전은 점유라는 사실의 변동이지 법률행위가 아니므로 매매 등 법률행위에 대한 처분금지효와 달리 사실행위를 곧바로 무효화시킬 수 없다. 위 사례에서 을이 갑으로부터 위 부동산을 자신이 매수한 것처럼 하여 병에게 부동산을 매도하고 이를 인도하여도 매매라는 법률행위에 대하여 처

분금지효가 발생하는 것이 아니므로 매매는 부정될 수 없고, 오직 점유이전이라는 사실행위에 대하여 점유이전금지효가 발생한다.

나) 그러므로 점유이전금지가처분집행 이후의 점유 승계자는 점유이전금지효에 의하여 마치 변론종결 후의 승계인과 같은 지위에 있는 것으로 취급되어 채권자의 종전 점유자에 대한 인도판결의 기판력과 집행력이 승계자에게 미치게 하는 것으로 처리함이 일반적이다. 따라서 갑은 앞에서 본 당사자항정효에 의하여 을을 상대로 위 부동산의 인도소송을 제기하여 승소판결을 받는 등 집행권원을 얻을 수 있다. 이 경우 을은 점유이전금지효에 의하여 갑에 대한 관계에서 부동산을 점유하는 것으로 취급되므로 부동산을 점유하고 있지 않다는 주장을 할 수 없다. 갑은 위 집행권원에 의하여 병에 대하여 승계집행문을 부여받아 집행한다. 이 점에 관하여 대법원[34]은 "점유이전금지가처분은 그 목적물의 점유이전을 금지하는 것으로서, 그럼에도 불구하고 점유가 이전되었을 때에는 가처분채무자는 가처분채권자에 대한 관계에 있어서 여전히 그 점유자의 지위에 있다는 의미로서의 당사자항정의 효력이 인정될 뿐이므로, 가처분 이후에 매매나 임대차 등에 기하여 가처분채무자로부터 점유를 이전받은 제3자에 대하여 가처분채권자가 가처분 자체의 효력으로 직접 퇴거를 강제할 수는 없고, 가처분채권자로서는 본안판결의 집행단계에서 승계집행문을 부여받아서 그 제3자의 점유를 배제할 수 있을 뿐이다"고 판시하였다.

34 대법원 1999. 3. 23. 선고 98다59118 판결.

제10절

보전처분의 경합(競合)

가. 가압류는 평등 배당을 전제로 하므로 기존 가압류가 있어도 다른 채권자는 가압류를 신청하여 집행할 수 있고 서로 우열은 없다. 채권자가 가압류에 기한 본압류를 하여 집행을 하면 다른 가압류채권자는 배당받을 채권자가 된다. 예를 들어 을에 대한 채권자 갑이 을 소유의 x부동산에 가압류집행을 한 이후에도 을에 대한 다른 채권자 병은 을 소유의 위 부동산에 가압류집행을 할 수 있다. 그리고 갑이 그 후 본집행을 하여 강제경매를 진행한 경우 병은 갑과 평등하게 배당을 받고, 각 가압류등기는 말소된다.

나. 가압류와 처분금지가처분 상호 간은 보전처분 집행 단계에서는 단순히 현상을 동결하는 것이고 나중에 보전처분 집행이 취소될 수도 있으므로 서로 모순, 저촉되지 않아 경합이 가능하다. 그러나 본집행에서는 서로 모순, 저촉되므로 집행이 빠른 채권자의 보전처분에 뒤지는 보전처분은 소멸한다. 가등기에 기한 본등기에 의하여 가등기의 순위보전효에 위배되는 중간등기가 말소되는 법리와 유사하다. 예를 들어 을에 대하여 금전채권을 가진 갑이 을 소유의 x부동산에 먼저 가압류집행을 한 경우 을로부터 위 부동산을 매수한 병도 위 부동산에 대하여 처분금지가처분집행을 할 수 있다. 그러나 갑이 위 가압류에 기한 본집행을

하여 강제경매를 진행한 결과 타에 매각되고 매각대금이 납부되면 위 가처분은 소멸한다. 위 가압류에 뒤지는 가처분에 기하여 본집행인 소유권이전등기를 마쳐도 가압류등기는 존속하고 오히려 위 가압류에 기한 본집행으로 매각대금이 납부되면 위 소유권이전등기는 가압류집행에 뒤지므로 말소된다.

다. 복수의 처분금지가처분 상호 간에 있어서도 선행 가처분집행 자체만으로는 그 후의 집행이 확정적 무효가 아니고 나중에 선행 가처분집행이 취소될 수도 있으므로 경합이 가능하나 그 후 본집행에서 서로 소유권이전등기를 하는 등 저촉되는 경우에는 먼저 보전처분을 집행한 채권자가 본집행을 하면 뒤지는 보전처분은 소멸한다. 예를 들어 을로부터 을 소유의 x부동산을 매수한 갑이 처분금지가처분을 집행하여도 역시 을로부터 위 부동산을 매수한 병은 위 부동산에 대하여 처분금지가처분을 집행할 수 있다. 그러나 먼저 가처분을 집행한 갑이 본집행을 하여 소유권이전등기를 마치면 병의 가처분은 실효된다. 병이 위 가처분에 기하여 소유권이전등기를 마쳐도 먼저 집행을 한 갑의 가처분은 존속하고 그 후 갑이 본집행을 하여 갑 앞으로 소유권이전등기를 마치면서 병의 위 소유권이전등기는 말소된다. 가등기의 순위보전효와 유사하다는 점은 앞에서 설명한 바와 같다.

제11절

보전처분에 대한 채무자의 구제(救濟)

1. 총 설

1) 보전처분은 위에서 본 바와 같이 보통 채무자를 심문하지 않고, 채권자의 소명에 의하여 발령되므로 피보전권리나 보전의 필요성이 없음에도 불구하고 잘못 발령될 수 있고, 피보전권리나 보전의 필요성이 나중에 소멸될 수도 있다.

2) 그에 따라 채무자에게 이에 불복하는 방법이 필요함은 당연하다. 불복방법으로 보전처분신청의 당부에 대하여 재심사하여 보전처분을 인가하거나 취소하는 보전처분 이의절차와 보전처분 발령의 당부를 심사하는 것이 아니라 보전처분을 유지할 수 없는 사유의 존재 여부를 심사하는 취소절차가 있다. 본안 재판에 대하여 항소 내지 항고를 하는 판결절차와 불복구조가 다르다.

3) 앞에서 본 바와 같이 가압류나 가처분에서는 본집행과 같은 집행권원이 없어 청구이의의 소가 적용되지 않고 피보전권리가 발생하지 않거나 소멸하면 처분금지효라는 집행력도 발생하지 않거나 소멸한다. 그러나 가압류등기 등 보전처분 집행의 외관을 제거하지 않으면 매매나 담보권 설정 등 거래에 어려움이 있고, 피보전권리의 존재를 둘러싼 처분금지효의 존속 여부에 대하여 분쟁이 발생할 수도 있으므로 위 불복절

차가 필요하다. 또한 보전의 필요성은 피보전권리의 존재 여부와 직접 관계가 없으므로 보전의 필요성의 발생 내지 소멸을 이유로 불복절차가 필요하다.

2. 보전처분에 대한 이의(異議)

1) 가압류나 가처분결정에 대하여 채무자는 이의신청을 할 수 있다(민사집행법 제283조 제1항, 제301조). 민사집행법 제286조 제1항은 "이의신청이 있는 때에는 법원은 변론기일 또는 당사자 쌍방이 참여할 수 있는 심문기일을 정하고 당사자에게 이를 통지하여야 한다"고 규정하고 있다.

2) 가압류나 가처분신청에 대하여 보통 서면심리만으로 결정하는 것과 달리 이의신청이 있으면 변론 내지 심문기일을 열어 보전처분신청의 당부에 대하여 심리하므로 충실한 심리가 이루어진다. 예를 들어 채권자 갑이 채무자 을에게 대여금 반환채권이 발생하지 않았는데도 허위의 차용증을 소명자료로 하여 을의 부동산에 대하여 가압류 신청을 하여 가압류결정을 받아 집행한 경우와 같이 가압류결정 과정에 채무자는 보통 관여하지 않으므로 가압류나 가처분은 항상 잘못 발령될 위험이 있다. 이에 대하여 채무자 을이 입는 손해에 대하여 채권자 갑에게 담보제공을 명하나 담보가 충분하지 않은 경우도 있고, 채무자는 신속히 가압류집행을 배제할 필요가 있다. 이 경우에 채무자가 이의신청을 하면 채무자는 적극적으로 자신의 주장을 내세우고 입증하여 가압류결정을 취소시킬 수 있다. 위 변론은 임의적 변론이므로 판결절차에 필요한 필요적 변론(민사소송법 제134조)과 달라 구술주의가 적용되지 않고 기일 불출석에 대한 불이익 등도 적용되지 않는다. 임의적 변론과 심문은 다음에서 보는 바와 같이 증인신문 이외에는 큰 차이가 없다고 본다.

3) 이의신청이 있는 경우 이는 원래의 가압류 신청에 대한 속행으로서의 성질을 가지므로 채권자, 채무자의 역할에 변함이 없다. 그러므로 채

권자의 소송대리인은 이의절차에서도 여전히 소송대리인 지위에 있고, 피보전권리와 보전의 필요성에 대한 입증책임도 채권자에게 있다. 입증 정도는 보전처분의 성격상 여전히 소명으로 충분하다. 입증방법으로는 서증 이외에 참고인 심문, 증인신문이 있는데 증인신문을 하기 위해서는 심문기일을 열어서는 안 되고 변론을 열어야 한다. 이 점에 관하여 대법원[35]은 "가처분사건이 변론절차에 의하여 진행될 때에는 제3자를 증인으로 선서하게 하고 증언을 하게 할 수 있으나 심문절차에 의할 경우에는 법률상 명문의 규정도 없고, 또 구 민사소송법(2002. 1. 26. 법률 제6626호로 전문 개정되기 전의 것)의 증인신문에 관한 규정이 준용되지도 아니하므로 선서를 하게 하고 증언을 시킬 수 없다고 할 것이고, 따라서 제3자가 심문절차로 진행되는 가처분신청사건에서 증인으로 출석하여 선서를 하고 진술함에 있어서 허위의 공술을 하였다고 하더라도 그 선서는 법률상 근거가 없어 무효라고 할 것이므로 위증죄는 성립하지 않는다"고 판시하였다.

4) 채무자와 그 일반승계인 등이 이의를 신청할 수 있고, 특정승계인도 경우에 따라 승계참가 내지 보조참가를 하면서 이의를 신청할 수 있다. 이의사유는 피보전권리의 불발생이나 소멸 내지 보전의 필요성의 부존재 내지 소멸과 그 밖에 보전처분이 부당하게 되는 모든 사유이다. 그러므로 뒤에서 보는 보전처분 취소사유도 이의사유가 된다. 관할위반도 이의사유가 된다. 채무자는 이의신청에 대한 재판이 있기 전까지 채권자의 동의 없이 이의신청을 취하할 수 있다(민사집행법 제285조 제1항).

5) 이의신청에 대한 심리종결시 기준으로 보전처분신청에 대한 당부를 결정으로 판단한다(민사집행법 제286조 제3항). 보전처분신청이 이유 있어 원결정을 유지할 때에는 인가의 결정을 한다. 채권자의 신청 및 원결

---

35 대법원 2003. 7. 25. 선고 2003도180 판결.

정의 전부 또는 일부가 부당한 때에는 원결정을 취소 또는 변경하는 결정을 한다. 그리고 위 결정에 필요하면 담보를 제공하게 할 수 있다. 인가 시의 주문은 "위 당사자 사이의 이 법원 000부동산 가압류 사건에 관하여 이 법원이 000한 가압류 결정을 인가한다"의 형식이다. 취소 시의 주문은 "위 당사자 사이의 이 법원 000부동산 가압류 사건에 관하여 이 법원이 000한 가압류 결정을 취소한다"의 형식이다. 가압류결정이 취소되면 채무자는 가압류집행에 대한 취소 신청을 할 수 있다.

6) 이러한 이의신청에 대한 결정에 대하여 불복하는 사람은 즉시항고를 제기할 수 있다(민사집행법 제286조 제7항). 그러므로 위 결정을 송달받은 날로부터 1주일 이내에 즉시항고를 제기하여야 한다. 보전처분이 취소되는 결정에 대하여는 즉시항고를 제기하면서 그 효력의 정지를 신청할 수 있다(민사집행법 제289조 제1항, 제301조).

3. 보전처분에 대한 취소(取消)

1) 취소 소송의 구조

가) 보전처분의 취소신청은 보전처분에 대한 이의와 달리 보전처분의 발령요건인 피보전권리 존재 여부와 보전의 필요성 유무를 다투는 것이 아니라 현재 보전처분을 유지할 수 없는 사유, 즉 취소사유가 존재함을 이유로 하는 것이다. 취소 소송은 일단 유효하게 발령된 보전처분에 대하여 보전처분신청 절차와는 별도의 절차로 보전처분을 취소하는 것으로 보전처분신청 절차 내에서 신청의 당부를 재심사하는 이의와 다르다. 그러므로 보전처분 이의와 달리 취소신청을 하는 사람이 판결절차에서 원고에 대응하는 신청인, 채권자가 피고에 대응하는 피신청인이 된다. 따라서 보전처분 채권자의 소송대리권은 취소 소송에는 미치지 않는다. 취소사유에 대한 입증책임도 취소신청인에게 있다. 심리방식은 보전처분 이의절차와 같이 임의적 변론이나 심문기일을 열도록 되어 있다.

나) 취소 신청인은 채무자나 일반승계인이나 가압류나 가처분의 집행이 된 이후에 목적 부동산을 매수하여 소유권이전등기를 마친 특정승계인도 승계참가 등의 절차를 거치지 않고도 취소를 신청할 수 있다. 그 외 보전처분 집행 이후 3년이 경과한 경우에는 이해관계인도 취소 신청을 할 수 있다(민사집행법 제288조 제1항, 제301조). 재판은 취소 신청이 이유 있으면 인용하여 발령된 보전처분을 취소한다. 인용 재판의 주문은 "위 당사자 사이의 이 법원 000부동산 가압류 사건에 관하여 이 법원이 000한 가압류 결정을 취소한다"로 이의 사유가 인정되어 보전처분을 취소하는 경우와 유사하다. 이하 취소사유에 대하여 살펴보기로 한다.

2) 제소기간 경과로 인한 보전처분의 취소

가) 보전처분은 집행권원을 얻어 본집행을 하기 이전에 현상을 동결하는 잠정적인 조치이므로 보전처분이 발령된 경우 신속하게 본안소송이 제기되어야 하는데 채권자가 이를 지체한 경우에 채무자가 채권자에게 본안소송의 제기를 촉구할 수 있고, 채권자가 이를 어기면 보전처분이 취소될 수 있다.

나) 이 점에 관하여 민사집행법 제287조는 "① 가압류법원은 채무자의 신청에 따라 변론 없이 채권자에게 상당한 기간 이내에 본안의 소를 제기하여 이를 증명하는 서류를 제출하거나 이미 소를 제기하였으면 소송계속사실을 증명하는 서류를 제출하도록 명하여야 한다. ② 제1항의 기간은 2주 이상으로 정하여야 한다. ③ 채권자가 제1항의 기간 이내에 제1항의 서류를 제출하지 아니한 때에는 법원은 채무자의 신청에 따라 결정으로 가압류를 취소하여야 한다"고 규정하고 있다. 이는 민사집행법 제301조에 의하여 가처분의 경우에도 준용된다.

다) 그러므로 채무자는 채권자가 본안의 소를 제기하지 않을 때에는 제소명령을 신청하고 법원은 이를 받아들이면 제소명령을 발령한다. 그 주문은 보통 "채권자는 이 결정을 송달받은 날로부터 00일 내 000가압류 사건에 관하여 본안의 소를 제기하고 이를 증명하는 서류를 제출하

거나 이미 소를 제기하였으면 소송계속 사실을 증명하는 서류를 제출하라"의 형식이다.

라) 위 기간 내에 채권자가 본안의 소를 제기하지 않거나 제기하여도 위 기간 내에 그 증명 서류 등을 제출하지 않으면 채무자는 보전처분 취소 신청을 할 수 있다. 법원은 심리결과 위 기간 내에 위 증명 서류 등이 제출되지 않을 시에는 보전처분을 취소한다.

3) 사정변경으로 인한 보전처분의 취소

가) 민사집행법 제288조 제1항에 의하면 채무자는 가압류 이유가 소멸되거나 그 밖에 사정이 바뀐 때 또는 가압류가 집행된 뒤에 3년간 본안의 소를 제기하지 아니한 때에는 가압류가 인가된 뒤에도 그 취소를 신청할 수 있다. 이는 민사집행법 제301조에 의하여 가처분의 경우에도 준용된다.

나) 보전처분은 발령 당시를 기준으로 피보전권리와 보전의 필요성을 심사하여 발령하는 것이므로 그 후 시간이 지나 사정이 변경되어 피보전권리 내지 보전의 필요성이 소멸되면 보전처분을 취소하여야 한다.

다) 피보전권리에 대한 사정변경은 피보전권리의 전부 또는 일부가 변제나 상계, 소멸시효 완성 등으로 소멸하거나 변경된 경우가 일반적이다. 그리고 처음부터 피보전권리가 존재하지 않음이 본안소송에서 채권자 패소의 확정판결로 밝혀진 경우에도 사정변경 사유가 된다. 그 후 재심이 제기되어도 마찬가지이다(대법원 1991. 1. 11. 선고 90다8770 판결).

라) 보전처분의 발령 이후 채무자의 확실한 물적 담보의 제공 등으로 보전의 필요성이 소멸하였거나 채권자가 집행권원을 얻어 즉시 본집행을 할 수 있는데도 집행을 하지 않은 경우에도 보전의 필요성 소멸을 이유로 사정변경에 의한 보전처분 취소 소송을 제기할 수 있다.

마) 그리고 채무자는 물론이고 이해관계인은 보전처분 발령 이후 3년간 본안의 소를 제기하지 않은 때에도 채권자의 보전의사 포기 내지 상실로 보아 사정변경을 이유로 보전처분취소 소송을 제기할 수 있다. 3년

간 본안의 소를 제기하지 않으면 그 이후에 본안의 소를 제기하여도 보전처분을 취소하여야 한다. 예를 들어 갑이 을로부터 을 소유의 x부동산을 매수하였음을 이유로 위 부동산에 관하여 처분금지가처분을 신청하여 발령받은 다음 집행하였는데 그 이후에 병이 을로부터 위 부동산을 매수하여 소유권이전등기를 마친 경우에 갑이 을에 대하여 위 집행으로부터 3년간 본안의 소인 소유권이전등기절차 이행청구의 소를 제기하지 않으면 병은 이해관계인으로 위 가처분에 대하여 취소소송을 제기할 수 있고, 그 이후에 갑이 본안의 소를 제기하여도 위 가처분은 취소된다.

바) 앞에서 본 바와 같이 이러한 보전처분취소사유는 보전처분 이의 사유도 된다. 예를 들어 갑이 을에 대하여 1억 원의 대여금 채권이 있다며 을의 부동산에 대하여 가압류를 신청하여 가압류등기를 마쳤는데 사실은 위 대여금 채권은 갑의 가압류신청 이전에 을의 변제로 이미 소멸하였고 그 이후 3년이 지나도 갑이 본안의 소를 제기하지 않았을 때, 을은 가압류결정 당시부터 피보전권리가 존재하지 않았으므로 가압류결정에 대한 이의를 신청할 수 있고, 가압류집행 후 3년간 본안의 소를 제기하지 않았음을 이유로 사정변경에 따른 취소 신청을 할 수 있으나 이를 이유로 이의를 신청할 수도 있다. 그 외 제소명령을 통하여 불복할 수도 있다.

4) 담보제공으로 인한 가압류 취소

가) 가압류는 금전채권의 집행보전을 위하여 채무자의 책임재산을 동결하는 것이므로 채무자가 적당한 담보를 제공하면 가압류를 할 필요가 없다. 이에 관하여 민사집행법 제288조 제1항 제2호는 법원이 정한 담보를 제공한 때를 가압류취소 사유로 규정하고 있다. 다만 앞에서 설명한 바와 같이 해방공탁금은 집행목적물에 갈음한 것으로 채권자에게 우선변제권이 없어 위 담보에 해당하지 않는다.

나) 위 가압류의 담보는 직접 피보전권리를 담보하므로 채권자는 이에 대하여 질권을 가지는 것으로 해석된다. 가압류결정시 제공하는 담

보는 가압류취소로 인한 손해배상청구권을 담보하는 것이므로 피보전권리를 직접 담보하는 위 가압류의 담보와 다르다.

다) 예를 들어 갑이 을에 대한 1억 원의 대여금 채권으로 을 소유의 y토지, 을의 병에 대한 매매대금 채권에 대하여 각 가압류집행을 마쳤다면 을은 법원의 결정에 따라 적당한 담보(보통 피보전권리 1억 원이 될 것이다)를 제공하고 위 각 가압류를 취소할 수 있다. 대신 갑은 본안 판결을 받아 위 담보에 대한 질권을 실행하여 채권 만족을 받을 수 있다.

5) 특별사정에 의한 가처분취소

가) 민사집행법 제307조 제1항은 "특별한 사정이 있는 때에는 담보를 제공하게 하고 가처분을 취소할 수 있다"고 규정하고 있다. 가처분은 보통 비금전채권의 집행 보전을 목적으로 하는 것으로 금전인 담보를 제공하는 것으로 가처분을 취소하는 것은 적절하지 않다.

나) 그러나 가처분으로 인하여 채무자가 특별히 큰 손해를 입게 되거나 금전보상으로 종국적 만족을 얻을 수 있을 때에는 담보를 제공하고 가처분을 취소하는 것이 채권자와 채무자의 이익형량에 비추어 타당하다. 이는 앞에서 본 담보제공으로 인한 가압류취소와 비슷하다.

다) 예를 들어 갑이 을로부터 을 소유의 x부동산을 매수하였음을 이유로 소유권이전등기를 마쳤는데 을에 대하여 대여금채권이 있는 병이 갑을 상대로 위 매매계약이 사해행위임을 이유로 소유권이전등기 말소등기청구권을 피보전권리로 하여 처분금지가처분결정을 받아 가처분등기를 마친 경우에 병의 궁극적인 목적은 위 대여금 변제에 있으므로 갑은 특별사정에 의한 가처분취소 신청을 할 수 있다. 갑이 제공하는 담보는 피보전권리 자체를 담보하는 것이 아니라 병이 본안소송에서 승소하였는데도 목적물인 위 부동산이 타에 처분되어 존재하지 않음으로써 입게 되는 손해를 담보하는 것이다. 그리고 채권자 병은 위 담보에 대하여 질권자와 동일한 권리를 가진다. 그러므로 그 손해를 입증하여 그 담보에 대하여 질권을 실행하여 우선 변제를 받을 수 있다.

제12절

임시의 지위를 정하기 위한 가처분

1. 의의와 취지

민사집행법 제300조 제2항은 "가처분은 다툼이 있는 권리관계에 대하여 임시의 지위를 정하기 위하여도 할 수 있다. 이 경우 가처분은 특히 계속하는 권리관계에 끼칠 현저한 손해를 피하거나 급박한 위험을 막기 위하여, 또는 그 밖의 필요한 이유가 있을 경우에 하여야 한다"고 규정하고 있다. 이는 가압류나 처분금지가처분 등 장래의 집행 보전을 위한 가처분이 아니라 권리관계에 다툼이 있어 본안소송이 판결 확정 등으로 종료될 때까지 잠정적으로 권리, 의무 등 새로운 법률관계를 형성하는 가처분이다. 즉 현상을 동결하여 장래의 집행을 보전하는 것이 아니라 마치 채권자가 본안소송에서 승소한 것과 같이 피보전권리의 전부 내지 일부가 임시로나마 실현된 것과 같은 법률관계를 잠정적으로 형성하는 가처분이다.

2. 피보전권리와 보전의 필요성

금전지급 청구권, 부작위 청구권 등 방해배제 내지 예방 청구권, 임원에 대한 해임청구권, 주주총회 등 임원 선임 결의 부존재, 무효 확인청구권, 취소청구권 등이 중요한 피보전권리이다. 그리고 위에서 본 바와 같이 가처분을 하지 않으면 본안 소송에서 승소하더라도 그사이에 권리를 행사하거나 법률관계를 형성하지 않으면 채권자가 현저한 손해를 입는 등으로 중대한 불이익이 있을 때 위 가처분에 관한 보전의 필요성이 인정된다. 이러한 보전의 필요성은 가처분신청의 인용 여부에 따른 당사자 쌍방의 이해 관계, 본안소송의 승패의 예상, 기타 여러 사정을 고려하여 법원의 재량에 따라 합목적적으로 결정된다(대법원 2007. 1. 25. 선고 2005다11626 판결). 가압류나 다툼의 대상에 관한 가처분에 비하여 보전의 필요성이 엄격히 인정된다.

3. 각종 가처분과 집행의 효력

가. 총 설

임시의 지위를 정하는 가처분의 유형은 매우 다양하고 적용 범위도 넓어 일률적으로 설명하기 어렵다. 그리고 이러한 가처분을 이해하기 위해서 먼저 그 본안에 관한 법률관계를 잘 이해하여야 한다. 그에 따라 다양한 가처분이 가능하기 때문이다. 아래에서는 다양한 가처분 중 실무에서 자주 발생하는 가처분을 선택하여 그 성격에 따라 분류하여 설명하기로 한다. 이러한 가처분에 대한 불복절차는 앞에서 설명한 다툼의 대상에 관한 가처분의 불복절차와 동일하다.

나. 직무집행정지 가처분

1) 앞의 민사집행절차의 개관에서 본 바와 같이 주식회사나 기타 단체에서 임원 선임 결의에 무효나 취소의 하자가 있을 경우에 그 본안 판결

확정 이전에 이사, 대표이사나 기타 임원 등의 지위를 잠정적으로 부정하여 그 직무를 정지하는 가처분이다. 채무자는 단체가 아닌 임원 개인이 되고, 가처분결정의 송달로 집행하고, 주식회사 등기부 등에 기입한다. 이 경우에 가처분에 의하여 임원의 권한 자체가 잠정적으로 박탈당하므로 대외적으로 유효한 법률행위를 할 수 없다. 이는 형성적 가처분이고 보통 대세효도 인정된다.

2) 예를 들어 주주총회 결의 취소 사건을 본안으로 한 대표이사 직무집행정지 가처분의 주문례는 보통 "채권자의 00주식회사에 대한 주주총회 결의 취소 사건의 본안판결 확정 시까지 채무자 00는 위 회사의 대표이사 및 이사의 직무를 집행하여서는 아니 된다"이다. 필요에 따라 직무대행자가 선임되는 경우가 많다. 그러므로 00주식회사의 대표이사 갑에 대한 직무 정지 가처분으로 직무가 정지된 경우 갑이 위 회사를 대표하여 을에게 유채동산인 y기계 1대를 매도하여도 이는 무효이다. 이는 다툼에 관한 가처분과 달리 단체에 관한 법률관계에 있어 획일적 처리 필요성 등을 고려하여 대세효가 있고 절대효이다. 이 점에 관하여 대법원[36]은 "법원의 직무집행정지 가처분결정에 의해 회사를 대표할 권한이 정지된 대표이사가 그 정지기간 중에 체결한 계약은 절대적으로 무효이고, 그 후 가처분신청의 취하에 의하여 보전집행이 취소되었다 하더라도 집행의 효력은 장래를 향하여 소멸할 뿐 소급적으로 소멸하는 것은 아니라 할 것이므로, 가처분신청이 취하되었다 하여 무효인 계약이 유효하게 되지는 않는다"고 판시하였다

다. 부작위(不作爲)를 명하는 가처분

소유권에 기한 방해배제 내지 예방청구권에 기하여 채권자 토지 소유권을 침해하는 공사를 금지하거나, 채권자의 공사 방해를 금지하거나,

36 대법원 2008. 5 .29. 선고 2008다4537 판결.

인격권에 기한 침해를 금지하는 등 부작위를 명하는 가처분으로 채무자에 대한 송달로 집행한다. 특허권침해금지 등 지적재산권에 관한 분쟁에서 많이 발생하는 가처분이다. 위 가처분 중 공사방해 등 채권자의 적극적 행위에 대하여 방해를 금지하는 가처분을 수인(受忍)의무를 명하는 가처분이라고 한다. 공사금지 가처분에 관한 주문례는 보통 "채무자는 별지 목록 기재 토지 위에 건물의 축조 공사를 하여서는 아니 된다"이다. 채무자가 이러한 부작위에 위반하면 앞서 채권자는 본안판결과 관계없이 위 가처분에 기하여 비금전채권에 관한 간접강제 등으로 집행한다.

라. 작위(作爲)를 명하는 가처분

사용자가 근로자를 해고하였으나 그 효력에 대한 다툼이 있어 근로자가 해고무효 확인과 미지급 임금의 지급을 구하는 소송을 제기하고 생계 유지에 어려움을 겪는 근로자가 사용자에 대하여 위 본안판결 이전에 임시로 임금의 지급을 구하거나, 건물 소유자가 무단 점유자에 대하여 본안 판결 이전에 임시로 건물 인도를 구하거나, 주식회사의 회계장부 열람, 등사 가처분 등 본안 판결 이전에 본집행과 같은 집행을 할 수 있는 가처분이다. 임시로 금전을 지급하는 가처분의 주문례는 보통 "채무자는 채권자에게 00부터 00까지 매월 말일에 000원을 임시로 지급하라"이다. 이와 같이 이행소송을 본안으로 하는 이행을 명하는 가처분을 단행(斷行)가처분이라 한다. 이러한 가처분 역시 채무자에 대한 송달로 집행하고 채무자가 의무를 이행하지 않을 때에는 본안판결과 관계없이 가처분에 기하여 강제경매 등 금전 집행이나 부동산 인도 등 직접강제나 대체집행 또는 간접강제로 집행한다. 그러나 이는 잠정적이므로 위 집행 이후에도 본안소송을 제기하여 패소한 때에는 원상회복을 하여야 한다.

찾아보기

황용경

서울대학교 법과대학 졸업
사법시험 합격, 사법연수원 수료
판사, 부장판사 등 역임
사법시험 위원 및 변호사 시험 위원 역임
부산대학교 법학전문대학원 교수 역임
현재 부산대학교 법학전문대학원 명예교수, 변호사

민사집행법 입문

초판 1쇄 발행 2021년 4월 15일
초판 3쇄 발행 2023년 12월 20일

지은이 황용경
펴낸이 이방원
펴낸곳 세창출판사
신고번호 제1990-000013호
주소 03736 서울시 서대문구 경기대로 58 경기빌딩 602호
전화 02-723-8660 팩스 02-720-4579
이메일 edit@sechangpub.co.kr 홈페이지 www.sechangpub.co.kr
블로그 blog.naver.com/scpc1992 페이스북 fb.me/Sechangofficial 인스타그램 @sechang_official

ISBN 979-11-6684-020-3 93360